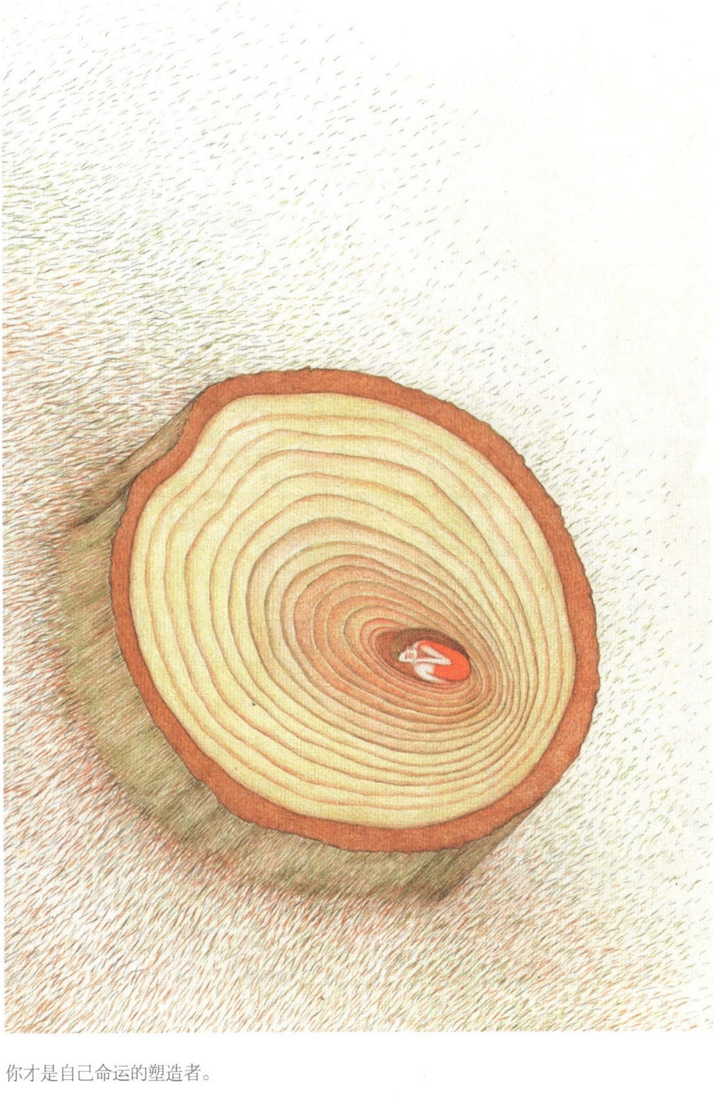

你才是自己命运的塑造者。

每个人内在的成长能力都是非常强大的，
这个世界上没有哪个人是不曾经历过创伤的，
但是大部分创伤都可以被我们内在的成长力量所修复。

在爱中体验恨，恨可以慢慢消融；

用恨激荡恨，恨会激涨。

恨是一把双刃剑，刺向父母的同时，也刺向了自己。

当我们很想去帮助别人时，先要做的，其实是提升自己。
自己有足够帮助他人的能力，才能真的帮助对方，
而不是在看起来是帮助的表象下，进行限制和伤害。

你的成长来自你克服痛苦的努力，
而不是他人的直接给予。
没有人能直接消除那些痛苦，
带领你直达幸福的彼岸。

放弃比坚持可能需要更大的勇气，更多的定力。
因为当一个人最终放弃一段关系时，
至少需要具备很重要的一些能力：
识别伤害的能力、区分痛苦制造者的能力、相信自己的能力、
忍受孤独的能力、消化施虐者施加压力的能力等。

父母这一生能给予孩子的最好的礼物，
不是丰厚的物质，
不是优渥的生活，
而是充满柔情的爱、接纳和尊重，
以及父母自己平和的情绪与相爱的关系。

谁不是带着伤长大

与内心的父母和解

王雪岩——著

古吴轩出版社

图书在版编目（CIP）数据

谁不是带着伤长大 / 王雪岩著. -- 苏州 : 古吴轩出版社, 2020.9
ISBN 978-7-5546-1580-5

Ⅰ. ①谁… Ⅱ. ①王… Ⅲ. ①家庭—社会心理学—通俗读物 Ⅳ. ①C913.11-49

中国版本图书馆CIP数据核字(2020)第145004号

责任编辑：周　娇
见习编辑：任佳佳
策　　划：梁珍珍
封面设计：仙　境

书　　名：谁不是带着伤长大
著　　者：王雪岩
出版发行：古吴轩出版社
地址：苏州市八达街118号苏州新闻大厦30F　　邮编：215123
电话：0512-65233679　　传真：0512-65220750
出 版 人：尹剑峰
经　　销：新华书店
印　　刷：天津旭非印刷有限公司
开　　本：880×1230 1/32
印　　张：8
版　　次：2020年9月第1版　第1次印刷
书　　号：ISBN 978-7-5546-1580-5
定　　价：49.00元

目录 contents

PART 1

与创伤体验同行

PART 2

我们内心那些隐秘的运作

PART 3

以现在为起点，尝试改写你的人生状态

PART 4

童年积累的人际经验决定了现在的关系模式

PART 5

父母的责任：帮助孩子发展，而非决定孩子人生

疗愈原生家庭伤痛，

不是等待父母认错、道歉，

而是把自己爱回来。

因为那个伤害你的人可能也是曾经的受害者，所以你才遭遇了这样不公平的对待。但这样的停留最终造成的新痛苦，其实还是得由自己来买单。所以，和解最终解放的，其实是自己。

1

PART

与创伤体验同行

你的痛苦，谁的错？

每个人都有各种各样的痛苦，尤其是长大之后。

在咨询室里，我最常见到的面对痛苦的反应有两种。一种是“都是他们（父母）的错，要不是他们当年那样对待我，我今天一定要幸福得多”；另一种是“我这么痛苦，一定是因为我不好，要不然为什么别人都没有事，只有我应对不了这些苦恼”。

面对第一种情况，我内心最常被唤醒的情感体验是无奈和愤怒。我想，这些体验也对应了他内心的无力感和因痛苦感受而被唤起的恨意。面对第二种情况，我常常感受到的是无力与心疼，这可能又对应了他内心的被限制体验和无力摆脱痛苦的悲伤。

在我十余年被分析的过程中，我曾无数次体验过这两种对痛苦的处理方式，也深刻地体验到，这两种方式都没有办法把我从痛苦里解放出来。相反，每当我陷进这样的情感处理方式时，就会额外增加许多痛苦的感受：要么恨别人，要么恨自己，不管恨谁，恨意就像一团熊熊燃烧的火，炙烤着我的内心世界。

我就这样起起落落，每天生活在痛苦之中，一直到我慢慢知道，也慢慢接受：所有的痛苦，不管是已经发生的，还是即将到来的，作为独立于我之外的一种存在，根本不是我可以完全掌控得了的；我能做的，大约只有臣服于命运之手，去感受生命中所发生的一切，去试着与一切和平共处，不拒、不迎。然后，痛苦的控制之手才慢慢松开来：我渐渐可以摆脱痛苦的掌控，获得时短时长、时强时弱的自由感。

当我能安静下来，去感受生命中所发生的一切时，生命也向我呈现出一个最重要的变化："被伤害"感慢慢消退，内心的平静多起来，感受"万物有灵且有爱"的时刻多起来。而这一切是在经过十多年的被分析，体验"穿越烽火线"般的痛苦后，逐渐到来的。而这个"穿越"的动作，还在继续，也许，终身都不可能完成。

我们每个人活着，都有对幸福的渴望，但是每个人都无法避免痛苦的袭击。

在我们生命的最早期，就发展了一种很基本的处理痛苦的方式：在内心把感受区分为好的、舒服的部分与坏的、痛苦的部分（分裂），把好的留下，把坏的扔出去（投射）。

从生命一开始，我们处理痛苦的方式是不允许好的与坏的共存，认为痛苦会吞食美好。为了避免痛苦的侵袭，保留住美好的体验，我们会动用各种各样的方式驱除痛苦的感受。可最终往往会发现：做了那么多努力，其实都是徒劳，在这个世界上，万事万物都是按照它们原本的样子存在着的，并不会因为我们的喜欢或厌恶而有任何转变。真正能帮助自己感觉好一些的，只是接受它们按原来的样子存在于世界上。

有些人，面对痛苦时会选择回避。躲开所有的人与事，避免所有冲突的可能。当他们避免了痛苦时，也失去了探索世界甚至是走上社会的机会。他们既可能成为宅在家里的“啃老族”，也可能成为每天战战兢兢生活着的焦虑者。他们并不能真的避免痛苦，只是选择了一种自己熟悉的痛苦。

有些人，面对痛苦时会选择战斗。他们让自己发展出非常强大的能力，没有人可以控制他们、伤害他们。当他们遇上困难的时候，首选的方式是让自己不断学习、强大，强大到几乎没有人可以比他们的能力更强，这样他们就可以让自己体验到安全。但这只是他们的感觉，却未必是事实。所以，不管他们多么强大，也无法除去“恐惧”这一痛苦。他们的“强大”恰是来自对恐惧的抵御，这就意味着：他们越强大，背后的恐惧就越强烈。这些恐惧，并不会帮助他们寻找到更多改善的资源，反而会让他们感到越来越孤独。

有些人，面对痛苦时会责备自己不够好。他们认为“如果我像××一样擅长处理情绪、人际关系，那我就不会像现在这么糟糕”。责备自己，也许恰是他们回避痛苦的一种尝试：如果只是我的能力不足，我可以通过学习具备那些能力，就不必体验那些痛苦了。这样的感受过程，可以帮助他们获得一些可控感：我只要控制自己怎么做，就可以令痛苦不出现。可事实往往是，当他们回避体验那些痛苦时，他们很难理解到那些痛苦背后的诉求，不理解痛苦在表达什么，也就很难使那些痛苦真正得到释放。

有些人，面对痛苦时会责备他人不够好。他们认为“如果他没有那样，我就不会这么痛苦”。有时候的确是他人的一些过失，带给他们痛苦的体验。但有时候，他们内心的痛苦，真的只与他们自己感受世界的方式有关。人格中的偏执成分越多，这部分影响就会越明显。

多年前我帮助过一个人。在他第一次咨询的描述中，他的妈妈简直就是一个恶魔。以至我惊讶于他是如何长大，且拥有了相当不错的社会生活的；同时也预感到我们的咨询关系在某些时刻可能会变得非常艰难。尽管有了这样的思想准备，当这个时刻真的到来的时候，我还是被惊得目瞪口呆。

在我们咨询的某个阶段，在他的感受中，我完全成了一个迫害狂，对他充满了嘲讽、鄙夷、拒绝、伤害，就像他曾描述过的他妈妈的翻版。我们之前几年咨询中曾讨论过的一些话题，重新被他提起。可是，这一次提起，他只记得其中的某几个句子、词语，情境完全被忽略，他重新串联了那些句子和词语，重新为它们赋义。于是，曾经那些温暖和理解的时刻完全消失了，所有的句子都变成了他被伤害的佐证。我感觉自己不管做怎样的努力，都会被他愤怒地挡回来。此时他来到咨询室的任务似乎只有一个：努力证明我是错的，是伤害他的魔鬼。慢慢地，我也被他引入一种既愤怒又无助的绝望状态，我开始感觉到自己真想把他从咨询室里赶出去，让他自生自灭。而此时我进一步所传达给他的，正如他对周围人最深的愤怒。

借助于自己对他的愤怒，我深刻体验到他的内心正在经历着怎样的痛苦。可是这些痛苦，并不真的是因为我如魔鬼般地伤害他，而是由于他的内心被那个魔鬼的影子占据着。当他用那个魔鬼的影像去“考核”我的时候，他就把那个影像放到我的身上，将他在我身上看到的影像，当成了真实的我（投射、投射性认同的过程）。在他一次次比较我与那个影子的过程中，真实的我被一点点扭曲成了魔鬼的形象。如果我真的一脚把他踢开，就会在现实中证明我就是那个魔鬼，就像他成长过程中所感受过的他妈妈一样。还好，我及时理解了我们之间的这个痛苦过程，并没有踢开他，他也在不断增加的对比与思考中，逐渐稳定下来。

所以，你看到了吗？在这个世界上，你不管做怎样的努力，都不可能将痛苦从生命中消除。我们能做的，只是允许它存在，并尽量理解它存在的意义，进而减少它对我们的负面影响。

有些痛苦，来自现实。我们无论如何都挡不住衰老、死亡的脚步。这些破坏性的力量会伴随我们终生，不知什么时候就会对人重重打上一拳，踢上一脚。我们也可能成为他人所无法承受的痛苦的接收者，成为无辜的被伤害者。有时我们被伤害，仅仅是因为我们所渴望的与我们所痛恨的东西是相伴而生的，我们得到满足的时候，也无法拒绝痛苦。

有些痛苦来自我们内心。我们感受世界的方式，也决定了自己被世界对待的方式。而我们感受世界的方式，来自我们成长中积累的经验，来自被养育的方式，来自我们生存的环境与文化，也来自我们自己内在世界发生的各种“化学反应”。

没有哪一个人，不管是我们的父母还是我们自己，可以为此负全责。

所以，我们永远不知道谁才是我们痛苦的完全责任人。如果一定要找到一个“责任人”的话，那只能是命运。但某种意义上来说，命运实际上是掌握在你自己手里的。那就是，你能够帮助自己发展出多少尊重生命自身过程的能力，发展出多少接受生命本来存在状态的能力，发展出多少放弃掌控自己之外世界的能力，发展出多少真实地面对自己内在情感世界的能力。以上几种能力发展出得越多，你越能坦然享受生命过程；越少与生命对抗，你就越能自由地生活，而不被痛苦所牵制。

生命需要被宠爱，生命值得被宠爱

除夕晚上，我接连收到六七封邮件（希望能够约咨询），这样的密度是大大超出平时的。我还曾与同道猜想：难道真的一到过年就被逼婚，所以才有这么多人突然需要见咨询师？后来不断参加各种聚会，听到各种故事，才突然意识到：春节是大家集体回归的日子，回到过去的环境，回到熟悉的人际体验，**回到也许一直试图逃离的关系中，**旧有创伤也就很容易被重新唤起了。如果时空的阻隔还能防御一些痛苦关系的话，这个集体回归的日子把一切美好放大的同时，也会让一切痛苦再现。对于爱的关系，这是一个令人满足的日子；而对于痛苦的关系，这个日子只会令人加倍痛苦。

故事一："我能给孩子的最好礼物，是我终于有能力离婚。"

离婚不是一件容易的事情，夫妻关系再不好，离婚也是一个重大的"丧失"。面对"丧失"从来都是我们人类的弱项，更何况，在我们的传统里，对女性是有“不事二夫”的期待的。所以，对于女性，尤其是中年女性来说，选择离婚，需要非常大的勇气和非常强大的自我功能。

A 的故事很普通，普通到就像是她那一代人的缩影。A 也很了不起，她花了十几年去接受心理治疗，在痛苦的浸泡中，逐渐找回了自己。

A 是她们家一群女孩里最小的一个。她的爸爸是家族里的长子长孙，也是他们家里唯一的男孩。A 的被孕育，是因为奶奶姥姥都认为她的爸妈应该再要一个男孩。所以，A 的出生给整个家庭的打击是巨大的，那时，她们家的经济条件已经不允许再多生孩子。这就意味着，A 的出生宣告了这个家庭再无生育男孩的可能，也意味着 A 的出生让父母蒙羞。在 A 所成长的那个环境，“断子绝孙”是一件非常耻辱的事。

A 是在整个家族对女性有意或无意的贬低中长大的，到她结婚的时候，她的内心依然有作为一个女性的羞耻感。她在很小的时候就曾下定决心，将来一定不能比男孩子差，一定要让父母知道，生女孩也不是坏事。她的这份倔强，后来也成为她婚姻中的绊脚石。

A 的丈夫不能说是一个坏人，但不巧的是，他生活在一个男性崇拜的家庭里，所以他的身上自然就有作为一个男孩的优越感。与 A 结婚后，他也理所当然地期待被 A 完美照顾而自己不必承担太多义务，同时也等待着 A 的崇拜，就像他在自己的原生家庭得到的一样。但是对于 A 来讲，去满足她的丈夫太难了。如果去崇拜丈夫，她会体验到作为一个女性的羞耻感；如果努力靠自己的能力撑起这个家，她又会感受到被丈夫“剥削”。她没有办法做到一边成为这个家的顶梁柱，一边还可以欣赏和崇拜丈夫。当然，对任何一个女人来说，这都是困难的，但对于 A 尤其困难。

糟糕的是，她在困境中是不可能得到娘家的一点儿支持的。每当她想跟亲人说一说自己的困境的时候，她的家人都会训斥她，说她不够贤惠。她永远是只能独自面对自己泪水的那个人。所以，她最终选择了去见咨询师。

后来，她的咨询师帮助她“看”到了她的原生家庭中，母亲如何在受虐的婚姻中不断地抱怨却不肯离婚。她的母亲用抱怨不断折磨她的父亲，她的父亲用他的暴戾压制着她的母亲，老两口一辈子生活在彼此折磨中，却绝不选择离婚。他们告诉子女：“我们不离婚全是为了你们！”

可是 A 和她的姐姐们却一直希望父母离婚，这样就不必每天生活在家人的彼此折磨之中。实际上，当 A 长大之后，她越来越感觉到自己的家人之间，不仅是父母在彼此折磨，姐妹之间唯一的沟通方式，似乎也是彼此折磨、贬低。似乎每一个人只有战胜其他人，才能获得活下去的机会，就像 A 从小就感觉应该战胜男孩，才能从父亲那里获得存在的许可。

一个病态的家族中，最早觉醒的人往往会承受巨大的压力。幸运的是，A 天生有着极顽强的生存意志，她感受到了家庭关系不对头，便开始了漫长的寻找答案的过程，也开始承受不断被家庭排斥的压力，但是，她坚持了下来。

今年春节见到她，对于她离婚的打算，大家都非常惊讶。谁都想不到，印象里那个柔顺的女孩怎么会有那么强劲的力量离开高职高薪的丈夫，来为自己的后半生做一回选择。她说："为了我的女儿。别人都说我离婚是在伤害孩子，但我清楚地知道，我离婚的选择才是给予女儿最好的礼物。我希望我的女儿可以从我的选择里明白，作为一个女性，也是有作为人的尊严的，是有权利得到尊重的。我希望她能知道，对于痛苦的关系，她有权利去拒绝、放弃，就像我现在要做的这样。我也希望她能知道，放弃比争取可能需要更大的勇气，但是只有真正拥有这样的勇气，才能拥有尊严和自由。"

故事二："当所有伤害深入骨髓，我能做到的，只是不去伤害。"

B 的身世很坎坷，我们都知道他从小是个爹不疼、娘不爱的孩子。曾经，他的父亲当着我们一群小伙伴的面踢他腿窝，想让他当众跪下，并挥舞着笤帚打他的头。他的父亲一边打他一边说着羞辱他的话，只是因为他的父亲不知道为什么事情丢了面子，想用这样的方式在孩子身上扳回一局，找回一些控制感。可 B 偏偏是个极不服输的人，他父亲每踢他一脚，他踉跄一下，又挺立在原地，不哭，不求饶，也绝不跪下。这更加激怒了他的父亲，为他招来更多的打骂。

多年后，我们说起当年的这一幕时，他说："其实，你们看到的都不算什么，比这更厉害的有的是。也许在这个世界上，我爸爸唯一能找来发泄无能痛苦的，只有我了，而我妈也默许，从来不拦着。也许是因为只有默许了，她才不必被伤害。”

我们问他今年过年是怎么过的，他说：“除夕和初一去看过父母，之后基本没怎么去。”问他父母会不会责备他，他说：“会，但我还是尽量不去见他们。好在他们现在生活能够自理，能不见面就不见吧，省得见一面吵一架。我已经准备好了一笔钱，如果有一天他们生活自理困难了，我会给他们找保姆，甚至找护士照顾他们。但是如果要求我守在他们身边，我做不到。心里的伤谁痛谁知道，我能做到的，只是不像他们伤害我一样去伤害他们。我可以给他们钱，但我给不了他们爱。”

他的经历听得我心惊肉跳。也许因为那些经历太痛苦了，所以他选择了不伤害，不伤害父母，不伤害生活中的其他人，也不伤害自己。他与自己一双儿女的感情非常好，但与妻子间总是有隔膜。我想，一个从小被亲密关系伤害的人，对夫妻这样的亲密关系保持着戒备实在是太正常了。他能够不去伤害别人，已经是非常了不起的事情了。因为这个世界上，有太多的人会选择认同父母的方式，而成长为一个施虐者。而他选择了对父母的反向认同，选择了不伤害。这就意味着他需要有足够的定力孤独地长大，需要有足够的力量对抗他成长的环境，拒绝被那个环境污染。

也许，就是他从小不管怎么挨打也绝不低头的倔强帮了他。

故事三：被宠爱过的经历，早已经写进了身体

当我们当年的班花，其实应该是校花，每每出现在同学聚会上的时候，我们都能感受到某种不一样的东西。她当年是我们大家的宠儿，不仅因为她漂亮，还因为她温暖和善解人意。那时候不懂她为什么可以如此被上苍眷顾，现在我知道了，她的所有美好，其实来自一件事：**她是一个在家庭中得到过宠爱的孩子。**

所以，今年的聚会，我直接问她："你小时候是不是一直被父母宠着？"于是，她开始滔滔不绝地讲她父母是如何宠爱她的。然后她突然问我："你怎么猜到的？"

我说："你可以观察嘛，那些曾被宠爱过的孩子其实很容易识别出来，他们的身形往往是灵巧的，他们的语言也是自由的，他们的面部表情往往也是放松的。更重要的是，因为他们有过被宠爱的经历，所以他们的人际体验是安全的，所以他们有能力在人群中自由地信任他人，也就更有可能建立彼此舒服的关系。简单点说，就是被宠爱的孩子，脾气往往会更好，人际关系也会更好。所以你看看，你走到哪里都不缺少宠爱你的人。"

马上有人反驳我说：某某亲戚家的孩子，宠得不得了，可是最后非常不成器。我说："你说的那不是宠爱，而是溺爱，好不好？"被溺爱的孩子当然很难顺利地发展，因为溺爱本身就是一种剥夺和贬低。

没想到这一下勾起了这帮盼着当爷爷奶奶的人的兴趣，纷纷问我：溺爱是剥夺的说法算不算一种谬论？于是饭桌变成了书场，我开始给他们"掉书袋"。

说溺爱是一种剥夺，是因为溺爱背后往往有过度满足：当孩子有了需求，还没有去探索的时候，照顾者就自动来满足了。这样，孩子一方面被剥夺了探索的乐趣，失去了学习承受挫折的机会；另一方面，也很容易自恋“膨胀”，认为自己万事都被满足是理所当然的。而满足孩子的人，在满足孩子的过程中，避免了承受因孩子探索失败而产生的焦虑，也可以让自己在孩子面前如上帝般全能，其实照顾者满足的是自己。

在溺爱中长大的孩子，因为缺少在真实世界里的学习，所以一旦开始独立面对社会，往往是非常难以适应的。他会发现，原来这个世界不是围着自己转的，不是每个人都天然地放弃他的需要来满足自己的，自己也不是想要什么就能得到什么，自己的努力也不全是可以成功的。一个从小没有机会接触这个真实世界的成年人，突然要去适应这个世界的真实，是一件非常不容易的事情。所以，某种程度上，溺爱也是一种伤害，一种甜蜜的虐待，一种对成长体验的剥夺。

被宠爱和被溺爱的孩子是非常不同的。被宠爱的过程，是我尊重你作为一个独立的人，有自己的发展道路，所以我不会强迫你必须服从我的想法，但是我会站在你的身后，当你遇到困难的时候扶你一把；我信任你有能力逐渐长大，所以我站在你的身边陪你经历你生命中的成功与失败、高潮与低谷，我始终信任你有能力找到自己的路，你成功时我心怀喜悦与祝福，你失败时我与你分担焦虑与痛苦，但我始终只是陪着你，而不是替代你；我理解你成长的不易，所以我会一直等待，等待你长大，等待你慢慢积累越来越强大的能力，而不是催促你，不会因为你失败而责备你，因为我明白你作为一个渺小的人类，能够存活下来已是不易；最重要的是我爱你，不是因为你漂亮，你有多少光环，我爱你只是因为你是你，我爱你这个人，你这个人的价值并不由那些附加价值所决定，我只是无条件地爱着你。

一个能够在内心确定自己被父母爱着的孩子，哪怕生活是贫穷的，遇到的困难是巨大的，只要内心保有爱的确定感，他就可以有面对困难的勇气，也会有自由表达自己可爱之处的勇气。那些保留在内心的爱的影像，我们叫它“爱的客体表象”。一个人，只要内心保有这种影像，哪怕很少，少到可能只是老师的一个赞许的笑脸，或者邻居的某句不经意的夸赞，就可能有动力努力去改善生命轨迹。而一个内心完全没有爱的客体表象的人，生活中是会遇到很多难以想象的困难的。很多因为情感痛苦最终选择自杀的人，内心是缺少这样的客体表象的。

所以，每一个来到这个世界上的人，都应该有机会享受宠爱，只因为生命本身值得尊重，值得宠爱。

被蚕食的满足感：那些混淆的体验正制造着痛苦

朋友半夜发来消息，说终于与家人“开战”了，我给她回了一个“大拇指”的表情图，表达对她的支持，支持她与家人干上这一“仗”，这大概是只有心理咨询师才干得出来的事情。但幸亏这个世界上还有心理咨询师这个行当，才使那些混淆的情感得以明晰，使那些混乱的灵魂得以安宁。

朋友与家人之间的情感纠葛很复杂，她是家里最小的一个孩子，这让她在那个崇尚权力的家族中处于一个很微妙的位置：一方面，作为最小的孩子，她得到了很多来自上一代人及上上代人的特别照顾，在那个物资匮乏的年代，如果只有一个好吃的东西，一定是她的，而轮不到其他的哥哥姐姐，这让她既有优越感，又对其他年长于她的孩子充满内疚；另一方面，因为她是最小的孩子，所以其他人都可以理所当然地驱使她，“指导”她（即贬低她），而她只有服从的份儿，否则就被家人认为“不知好歹”。

这样的家庭传统一直持续到她成年，以至中年。

在她的孩子只有几个月大的时候，她的丈夫调到外地工作，一个月也未必回得来两天。于是，她一个人带着孩子，既要上班，又要照顾孩子，还要与保姆斗智斗勇，忍受经济上的巨大压力，常常是给保姆发了工资，就没有钱给孩子买生活用品。眼看着她日渐憔悴，我问她为什么不找家人帮忙，因为她父母那时候已经退休了，而且她父母的收入远远高出当地的平均收入水平。她说："我宁愿自己带孩子，这样还轻松些。"

慢慢我就知道了，她所说的"轻松"到底意味着什么。她的孩子每个月的月中左右都会发高烧，于是她常常半夜出去给孩子买药(曾有人问为什么不提前准备好药。对于一个独自带孩子的母亲来说，不准备药，可能是她防御焦虑的一个方式，即也许在她的幻想中，没有准备药，孩子就不会生病；或者是因为没能阻止孩子生病而内疚，可能是对自己进行的攻击)，回来时就得知孩子因为发现妈妈不在身边而哭得上气不接下气。

但她不想把这些情况告诉家人，因为每次她说到自己的困境，并不能真正得到家人的支持。姐姐对待她的方式是一顿劈头盖脸的"指导"，核心意思就是她一定做得不够好才让孩子生病，或者说她为什么不提前把药准备好，却从来不关心她日常生活里忙得怎样焦头烂额，独自承受着多么大的压力。妈妈对待她的方式是一天打无数个电话，忧心忡忡地不断为生病的外孙担心，却从来不会关切地问一句自己的女儿感受怎么样，需要不需要帮忙。而她的丈夫，每次也不过是叹口气就没有了下文。

很长一段时间里，她习惯于家人对她的方式，认为的确是自己不好，对孩子生病充满内疚，她对于自己每次听到家人的话时的愤怒，也非常内疚。直到有一次，我跟她谈道："你想过吗？你家人对待你的方式，其实是一种隐性的虐待。"她非常惊讶，无法承认这件事，但她慢慢开始意识到，自己的艰难是如何被家人漠视，自己是如何被强迫去承受家人那些糟糕情绪的。她无法拒绝那些糟糕的情绪，因为它们是以"关心"的名义强塞给她的。她也意识到了自己选择与家人保持距离，尽量不让他们参与自己的生活，也是一种对自己下意识的保护，她在本能地避免家人那些糟糕的情绪污染自己。

慢慢地，她开始相信自己的选择是对的，不再因为与家人保持着情感距离而有强烈的内疚。她说："我一个人带大一个孩子本身就非常不容易了，我得先保护好自己，才有能力保护好我的孩子。"事实上，她做到了。她在这近二十年里，不断地反思着自己，反思着自己与原生家庭的关系，也尽量避免与自己的孩子重复那些漠视又侵入、控制又贬低的关系模式，她的孩子发展得非常好。

这一次，是她的孩子刚刚高考完，她的姐姐打来电话一番"指导"："你得这么做……"她再度强烈感受到来自姐姐的贬低和控制。姐姐甚至没有问一句孩子考完了状态如何，她似乎只想表达一件事：我懂，你不懂，你得照我说的做，否则你会必败无疑。现实情况是，我的朋友比她的姐姐拥有更高的社会认可度。也许这恰是她的姐姐不断贬低她的动力来源：将"无能"投射给她（家里最小的成员），从而帮助自己缓解现实中失去了优势位置（自卑）的痛苦。

这一次，我的朋友态度明确又坚决：“我感谢也期待所有的帮助，但很抱歉，我不喜欢别人的指手画脚。如果你并不打算帮我们做什么，而只是想感受一下‘指导’的快感的话，那么就请你先闭上嘴。因为我要把精力花在帮助孩子选择专业上，而不想消耗在‘消化’被贬低和指责的情绪上。”

她知道自己这次是捅了“马蜂窝”，因为她的宣言意味着她背叛了家族文化：最小的孩子因为得到了更多的照顾，所以就有服从和满足他人的义务。她的宣言也意味着她宣告了自己人格上的独立，这同时也意味着她背叛了那个紧密纠缠着她的原生家庭。她的“独立宣言”会戳痛家族中的每一个人，她既挑战了控制者的权力，也拒绝了贬低者的伤害和共生者的纠缠，还激起了渴望独立但无力独立者的嫉妒。

总之，她会给那些已经习惯了生活在这个病态家族文化中的人巨大的冲击。这也意味着，她将凭自己一个人的力量，去与那些试图把她拉回原有轨道的巨大能量抗衡。

所以，我给了她一个大大的赞。因为，实在很少有人愿意冒这么大的险，愿意付出这么大的努力，去完成这个人格独立的过程。而她所有努力的动力都来自对孩子的爱，不管付出多么巨大的代价，她都愿意，只希望能够帮助自己的孩子尽量避免重复那些病态的关系。

我很佩服这个朋友。她用了近二十年，也许还要长得多的时间，来完成自己人格上的独立过程。这其中的艰难和痛苦，要承受的压力之巨大，是难以想象的。对于很多家庭来说，这可能是需要七八代人的努力，才能逐渐完成的事。但是，她凭着自己的坚韧，承受住了那些痛苦，也帮助自己获得了解放。

在现实生活中，像我朋友这样充满勇气且坚韧的人并不多见；更多的人其实是沉浸在痛苦里，等待着拯救者把自己从痛苦里捞出去。但更大的痛苦是，那个拯救者事实上并不存在，没有人能满足我们被拯救的愿望，所以我们会不断感受到失望、愤怒。事实上，我们唯一的出路是学着自己解放自己，而不是等待一个拯救者。

可是，自己解放自己这件事有多难，很多人可能并没有充分的心理准备。单是一件事——去区分自己内心那些痛苦体验的来源和意义，就足够让一个人打退堂鼓了。就像我的这位朋友，当她选择尊重自己的情感，保护自己的感受，从而与家人保持情感距离时，她所承受的内疚、孤独，以及来自家人的责备，就足以击垮她了。如果不是另外一种力量——对孩子的爱——一直支持着她，她恐怕早已经被习惯的力量吞没了。

当然，还有一种更重要的支持性力量，就是对她自己所有这些情感、关系模式、经历的真正理解。至少，她需要有能力区分出来，她有权利拥有自己的思想和情感，而不是牺牲自己的一切感受和想法，单纯地去满足别人。

在我的临床工作中，帮助当事人区分内在混淆的情感是一件非常重要又非常艰难的工作。因为很多时候，那个区分就意味着过去几十年的生活和感受被否定，我们不得不哀悼过去这几十年所经历的那些痛苦体验；就意味着必须承认是自己的混淆起着一部分伤害自己的作用，而不完全是“别人太坏”；就意味着自己必须做出一些努力，让自己发生一些改变，而改变永远是与痛苦和不确定联系在一起的；就意味着我们不得不承认自己是有所欠缺的，不得不面对全能自恋被打破；等等。所以，咨询师帮助来访者去区分混淆的情感的过程，常常也会成为引发来访者暴怒、强烈哀伤和无助的过程，但这又是一个不得不完成的过程，因为那些混淆的情感体验，会一点点蚕食掉平静、幸福生活的可能。

当一个人将“被满足”与“被爱”混淆的时候，他是无法放弃对一个全能的养育者的渴望的，于是他可能期待他的咨询师或身边的人“完全懂得我”“甚至我不用说，你就知道我想要什么”“你不应该让我有一点点不舒服的感受”。但实际上，一个再爱你的人，也不可能给予你百分之百的满足。现实情况是，我们可以有各种各样的期待，但不是所有的期待都能够实现，因为每个人的能力都是有限的，每个人都有做不到的时候。但是当一个人把“被满足”等同于“被爱”的时候，一旦别人受能力所限而不能满足他，他就很容易感受到不被爱。而不被爱的感觉，是人生中最大的痛苦。

当一个人成长于被伤害的环境中，他就很容易把“被控制”“被虐待”与“被爱”混淆起来，因为他从小到大就是被这么灌输的。比如：他可能会很难自主，因为他更习惯的是完成他人的要求；别人剥夺他的自主权时，他可能会感受到被关心，而不是被侵犯。同时，他也很容易把施虐当成开玩笑并享受施虐的快感。当然，因为他从小在这样的关系模式中长大，他既难以区分出来自己的行为是对他人的冒犯，也难以识别和拒绝来自他人的伤害。

当一个人生长于被漠视的环境时，他可能就很难区分“被关心”和“被侵犯”。当有人走近他时，他可能会很恐惧，他无法区分对方走近自己到底是出于爱还是伤害，他也对自己爱的需要被唤醒感到恐惧，因为他生长的那个冷漠的环境很难让他相信温暖可以稳定地存在。

当一个人生长于自己的情绪和感受不断被否定的环境中时，他可能就很容易混淆自己的情感与他人的情感，也可能很难确定别人也是有情感的。他可能会像曾经被对待的那样，不断否定别人的情感。别人与他不同的想法和感受对他来讲都是错误的，他很难承认别人的不同；他也会因为别人表达了不同的想法和感受而暴怒，因为别人不同的想法对他来说可能就等同于自己被否定；或者他完全失去自己独立的想法，顺从于他人，当他人与自己不同时，他完全陷入对自己的责备之中，失去属于自己的生命力量。

其实每个人成长中或多或少会有一些混淆的地方，但如果混淆得严重，那这个人的世界一定会失真，他会难以适应现实的生活。最糟糕的是，他往往坚信：我是正确的，出问题的是这个世界。于是更加无法试着去适应这个世界，而一直努力要求这个世界适应自己，于是会更深地陷入痛苦，难以自拔。

让自己的生活得以改善是从承认自己需要做出一些调整和改变开始的，那就需要我们有足够的勇气承认：这个地方，是我不够好。因为只有我们有勇气承认自己的不足，才有动力去改善。

让来自原生家庭的伤害翻篇儿，很难，需要很多努力

常常收到一些私信，给我讲述他自己的人生故事，末了总是会问一句："老师，你说我该怎么办？我还有救吗？来自原生家庭的伤害，还能翻篇儿吗？"

如果这是一个我不得不回答的问题，我只能坦白地讲："我不知道。"

每个人都是不一样的，人生经历不同，对事物的感受方式不同，动用的防御模式不同，直面创伤的勇气也不同，所以每个人最终的转归（病情的转移和发展）都不一样。面对相似的人生经历，有人可能会最终穿越痛苦，实现"涅槃重生"，也有人可能终其一生沉沦于痛苦体验，怨天尤人。

可以肯定的是，我们每一个人生下来，活下来，内心都伤痕累累。有些伤害来自现实，有些则来自我们自己期待和解读世界的方式。

每个人对翻篇儿的解读也是不一样的。如果你对这个翻篇儿的期待，是让伤害你的人幡然悔悟，在你面前流涕忏悔，然后像一切都没有发生过一样，阳光灿烂，现世安稳，这样翻篇儿的可能性就基本是零。

如果你对翻篇儿的期待，是不管过往发生过什么，你现在要让自己拼尽全力去开创自己的幸福，那现在就是着手翻篇儿的最好时候。不过你可能会一边翻一边更多地体验到这个翻篇儿过程的痛苦。翻篇儿的过程中，你真正体验到的，可能是鲜血淋漓，痛不欲生。这就是成长的代价。

所谓成长，就是不断去修复我们成长中的创伤，而修复的过程，不可能像外科手术一样，切掉痛苦，而只能是逐渐学会与痛苦共处，目标是降低痛苦对我们的桎梏，逐渐发展我们爱的能力，用爱去稀释伤害和痛苦。所以，一个人到底有多大勇气去面对生命中的那些痛苦，去反思自己的人生，去接受世界的现实，也最终可能会决定这个人有多少自由的人生。

所以，你看到生命中那些人有多么淡定从容，就可以想象他们有可能经历过多少惊涛骇浪的冲击。

有时候与朋友们聊天，我们会说到：大约每个人一生要受的苦也是有定数的，可能穿越过早年的苦，方能更珍惜现在的安稳。

看到过几位朋友，早年的成长经历简直让人不敢相信那是一个孩子可以承受的，但是他们不但经历了，而且现在已经成长为充满生命智慧的人，让周遭的人对他们充满了欣赏与羡慕。每每说到他们为什么可以发展出如此的定力，他们往往会说：是因为经历过那些极端的痛苦，感受过那些伤害，所以更懂得珍惜善意，尊重每一个生命的尊严。

但是，他们并不是现在就没有痛苦，他们只是可以生活得比大多数人更真实，更自由。

了解了他们的成长经历后，问到他们：可以与过往的那些伤害和解吗？可以让来自原生家庭的伤害翻篇儿吗？每一个人的回答都是：“很渴望，但是非常难。”

是的，非常难。那些伤疤就在那里，深深浅浅，可能一生都没有办法复原，随时都会有或大或小的疤痕在那里提醒着过去经历的痛。每当遇到相似的场景，那些疤痕还可能突然缩紧，让我们再次感受那是怎样的疼。

翻篇儿很难，因为当我们真的要去降低过去那些伤害性影响时，我们要面对的可能是和过去同样的伤害性环境，可能需要各种各样的能力去区分我们的感受与现实之间的差距，可能需要冒巨大的风险进行一些新的尝试，可能要经历与旧有环境剥离时的种种阻力与艰难。

当我们是孩子的时候，我们选择了当时能“保命”，但现在看来可能是非常有破坏性的方式，比如将世界感受为伤害性的，带有敌意地面对每一个人，最终我们可能就会成为孤家寡人。

那我们现在有多少能力做出真正的区分，现在面对他人时所感受的伤害、敌意中，哪些来自自己对他人的戒备，而不是他人的本意呢（分裂、投射、投射性认同）？

承认是自己的投射，就意味着要承认，很多时候是自己在伤害别人，自己的很多糟糕的经历其实是自己参与其间制造的，就意味着否认自己的过去；收回投射更意味着就要承受巨大的被伤害的恐惧感，不断学习建立信任并相信别人的善意。但是信任能力没有建立起来之前，面对与他人的关系时，就会感觉像在枪林弹雨中裸奔一样恐怖。

很多人早年有过被养育者虐待（精神虐待、身体虐待、语言虐待，甚至性虐待）的经历。被虐待的孩子终其一生可能都在等待他的痛苦被看到、听到、承认，希望通过自己的不断努力，得到养育者的承认。

但是虐待者施虐的方式之一，就是不断向被虐待的孩子灌输一个信念：是因为你不好，所以你才被这样对待。被虐待的孩子内心有一个非常顽固的信念：我是坏的。

这个信念可能会致使他在寻找修复的时候，变得非常无力：他没有能力区分是自己错了，还是伤害他的人错了；即便是他现在有能力区分是别人在伤害他，他依然无力对施虐者说“不”。因为被虐待的孩子内心还有一种非常沉重的恐惧感：被抛弃。这种恐惧感会阻止他与原生家庭的伤害告别，因为与忍受旧有的伤害相比，失去归属感，可能更会让他感到恐惧。

被虐待的人的另外一种常见应对方式是高度警觉，时刻防备着伤害再度来临。这种警觉的状态让他无法信任别人，可能随时会将别人的行为判断为对他有恶意，并基于这个判断而先发制人，向对方发动猛烈攻击。这样的方式会让他与周围的人高度对立，使他陷入自己所惧怕的那个状态：周围人都对他远远回避。所以他也会感受到自己被冰冷对待。

我的一个朋友，在经历过十余年的心理治疗后，已经发展出了非常好的自我功能，但是每当他提到父母对他的不理解、不承认时，依然会瞬间产生强烈的愤怒，会边觉得委屈边与父母争吵，希望父母能够听到他的想法。但每次他的话都像是根本没有说过一样，下次还会是相同的争吵，还会是父母要强加自己的想法给他，而且父母坚信自己是为了他好，而他所有的想法、情感，父母就像是从来没有听说过。

终于有一天，他苦笑着跟我说："原来，我一直在努力让'聋人'听见我，让'盲人'看见我，一直否认父母根本就没有感受别人的痛苦，甚至他们自己的痛苦的功能，一直期待他们能够承认我作为一个人的存在，却完全看不到，我在他们内心，从来都不是一个活生生的人，而是他们的私有财产。他们的一生从来都没有发展出感受人与人的关系的功能，我又怎么能从他们那里得到我想要的呢？"

从此，他所感受到的这部分来自原生家庭的伤害算是在他心里翻了篇儿。翻篇儿的代价是，他放弃了被听到、被看到的期待，放弃了得到家人的支持和理解的期待，选择了孤独地去开创自己想要的生活，同时背负着原生家庭对他种种"背叛、冷漠、不懂事"的责备。

他不会去伤害他的家人，但他与家人的不同，会让家人认定他是"危险"的，会不断试图将他拉回原来的轨道。承受着巨大的孤独，坚持相信自己的选择，在对未来的不确定中不放弃新的探索，这是他的创伤翻篇儿所必备的勇气。

在与原生家庭的恩怨做一个了结的过程中，有些完全不是我们凭意愿可以改变的。

在过去一些年，有些地方，把羞辱孩子当成开玩笑，把打骂孩子当成教子有方。许多孩子都有过类似的经历，当他们长大后，发现自己不会尊重他人，也不能以爱的方式与自己的孩子建立联结，才发现自己的生命轨迹出了问题。如果与父母甚至同辈交流他们感受到的这些不对头，还可能会被嘲笑或者责备。

要让这样背景下的原生家庭伤害翻篇儿，需要面对的一个很大的困难就是：每一个人都可能是受害者，不管是父母还是孩子，很少有人能真的为那些伤害全面负责，大多数伤害者都以为自己曾经做的是对的事情。如果伤害者能承认伤害了他人，并真诚道歉，那么受害者修复创伤就容易得多。

当找不到为伤害负责的人时，我们能做的只是承认受到了伤害，并一点点剔除伤害的“烙印”，好留出“空间”让健康的功能逐渐发展出来。这就像是说：“我什么都没有做错，但是我必须承受‘割骨剜肉’之痛，还不能拒绝，因为拒绝就意味着那些‘腐肉’会带来更大的痛苦。”只有接受这个残酷的现实，才能让自己的生活得到改善。

让原生家庭的伤害翻篇儿，需要承认现实的残酷，并且在残酷中有坚持寻找新的可能的勇气。

小时候缺爱，成年后如何解决？

“小时候缺爱”其实是一个很难界定的概念，到底缺多少算是缺爱，每个人的感受是不一样的；而“不被爱”的感觉，每个人在成长过程中或多或少都体验过，但每个人的转归又都是不一样的。

有些早年曾经历过极端创伤体验的人，在成年后并没有发展出精神病性的人格结构；而另一些人，从小获得的现实方面的满足并不比别人少，但是成年后依然可能会存在适应困难。这是因为，每个人都是带着自己的人格基础出生的，成年后的生活，既与曾经的外在成长环境有关，又与一个人内在的成长水平有关。

如果在咨询室里与一个来访者去讨论“缺爱”这件事，会发现许多感受与现实之间的差异。有时，咨询师明明感觉面前的这个人缺少内在爱的资源，可当事人自己却感觉“我从小就被满足”；也有时候，咨询师可以明显地感觉到面前这个人有很多被满足过之后才能发展出的能力，可是当事人就是感觉爱“太少了”。

之所以会有这些不同，是因为一方面每个人内在的期待不一样，对现实的感受会有所不同；另一方面，每个人在成长过程中学会保护自己，让自己远离痛苦体验的方式也不同（这个保护方式叫作防御机制）。前面说的第一种情况，就是当事人动用了一种叫作“否认”的防御机制，帮助自己与痛苦的体验保持不接触，好让自己可以活得轻松一点儿。所以，“小时候缺爱”这件事，真不是单纯凭感觉就能定性的。

另外，每个人在成长过程中都经历过很多的挫败性体验；恰当的挫败性体验对这个人的成长是有好处的，可以帮助他学习适应现实的世界。如果这个人在成长过程中被过度保护，缺少挫败性体验，他可能就会缺少很多适应现实的能力，成为“温室中的花朵”。

当这个孩子最终长大成人，当父母再也不可能全面保护他的时候，那个迟来的挫败感可能让他连学习适应的机会都没有。因为他已经不再是一个孩子，这个社会对成年人不会像对孩子那么包容，此时再经历别人小时候就经历过的挫败，对他的打击会更大。所以，有时候“适当少给孩子一点儿满足就是对孩子最大的爱”。当然，这个“少”，是相对于过度而言。

在成长中某些特定的时候，每个人都会有“不被爱”“缺少爱”这样的体验。但同时，每个人内在成长的力量都是非常强大的，所以每个人都在成长，带着那些痛苦的体验成长。

这其实就是我们每个人要发展的目标：允许痛苦体验存在，带着痛苦，不断成长。这就是人格不断完善和成长的过程。

承认伤害曾经发生，承认痛苦存在

我们只有承认它们的存在，才有机会与它们相遇，与它们对话。如果我们感觉那些体验太痛苦了，要远离它，那么我们也就失去了真正理解痛苦背后的需要，从而更好地管理那些痛苦的体验，并从另外的渠道满足自己爱自己的可能。

比如，当一个孩子被小伙伴打了，如果妈妈抱住孩子，听一听孩子的委屈、害怕，孩子的痛苦就可能在这个过程中获得释放；但是如果妈妈因为自己无法处理这些痛苦体验，或是无法承受焦虑，不允许孩子哭，或者假装没发生什么，只是不断告诉孩子“没什么，不要哭”等，可能就会让孩子在日后遇上困难时，难以向他人求助，同时也会为自己感觉痛苦而羞愧，这就会让他试图逃开困难，而不是努力去解决问题。对于我们成长过程中缺少爱的体验，我们也需要有能力承认它，承认曾经发生过的伤害。

面对伤害性的体验，试着去理解这些体验背后的诉求

想想看，如果我们走在路上，被树枝剐了一下，很疼，我们不会特别生树的气，也不会感觉被树严重伤害了。但是，如果树枝换成了对我们非常重要的人呢？我们可能就会感觉被严重伤害了。那是因为，对重要的人，我们内心会有很多爱的期待，当我们感觉被伤害时，我们也会感到恐惧，怕失去重要的人对我们的爱。所以，当我们体验到不被爱、被伤害时，我们需要试着去了解，这些体验背后的期待是什么。当知道了背后的期待后，我们往往会找到更多的途径来满足自己，而不是停留在期待的世界里。

放弃不现实的期待，承担起自己的责任

在咨询室里，我们常常会听到诸如此类的话："要不是他们那时候伤害了我……"是的，责备父母与承担起自己成长的责任比起来，要容易得多。当我们把所有的错误、责任都推到别人身上的时候，至少我们不必面对自己身上需要改善的内容，就可以觉得"问题都是别人的，而我是好的"；也不必去面对"我确实没有被更好地对待"的哀伤。但是这样做的结果是什么呢？

所有的伤害性体验都发生过了，历史无法改写。不管我们怎么恨那个曾经伤害过我们的人，伤害都不能被抹去，倒是我们自己会陷进伤害体验里而更加痛苦。所以，期待曾经的伤害没有发生是不现实的，不断抱怨父母曾经的伤害也意义不大。能帮助我们生活得更好的，是承认曾经的伤害已经存在。从现在开始，让自己发生一些变化，帮助自己离开那些伤害性体验，至少不让那些感觉一直控制着自己的生活。而我们能实现这个目标的途径，恰恰是我们承担起为自己今后的人生负责的担子，将目光从盯着过去的伤害转移到"我能为自己的改善做些什么"上来。这个世界上，能让我们生活得更好的人，其实是我们自己。

怎样尽可能避免“遗传”父母的性格缺陷？

有人曾问我：“如何避免‘遗传’父母的性格缺陷？”

如果是遗传，来自基因的东西，恐怕怎么努力都无法避免。好在，我们性格中非常多的东西虽然与父母很像，但并不是来自遗传，而是习得。

这是一个好消息，只要是从人际关系中学到的东西，就有改变的可能。当然，需要付出非常大的努力。

我们与父母相关的性格形成方式主要有两种：认同和反认同。当然，实际过程远没有这么简单。

认同。在成长过程中，当我们与父母互动时，会观察与感受父母的行为方式，也会感受父母行为方式带给我们的影响。在经年的互动中，父母的影子投射进我们的内心世界。经过慢慢积累，我们内心会将这影子吸收成自己的东西。于是，我们成了父母那种样子，比如变得像妈妈那样遇到事情就会担心。

反认同。父母投射进我们内心的影像是我们非常不喜欢、不愿意在自己身上出现的，于是我们让自己变得与父母完全不一样，比如对自己说：坚决不能像妈妈那样心情一不好就吵架。

所以，一个孩子在成长中避免像父母一样，可能有一部分原因来自这个孩子成长过程中无意间选择的反认同方式。

当然，反认同不一定会比父母有更好的社会适应能力。

因为不管是认同，还是反认同，行为的标准其实都来自父母的行为，都是受制于父母的行为方式的（“行为方式”只是为了简化描述的过程，实际上，不只是行为方式，还有情感模式、人际关系模式、对世界的认知方式、应对方式等非常丰富的内容）。

对于想改变对父母的认同的人来说，随着年纪增长，阅历的增加和各种学习积累会帮助修正当事人的行为模式；不适应现实的行为模式带来的挫败性体验增多，也促使当事人不得不努力做出调整和改变。

这些改变可以在一个人不断长大的过程中持续发生。

人格成长最快捷的方式，可能是接受精神分析；但是就算快，通常也要花上几年的时间才有可能。

当然，不是每一个人都做好了为了改变而付出努力的准备。

实际上，很多人来到咨询室里，都带着“让咨询师告诉我一些办法，于是我就可以脱胎换骨”的幻想，这其实与“不遗传”的期待差不多。然而一个孩子的成长过程，终究是躲不过父母的影响的。

生命中很多事情，不是靠个人的意志可以拒绝的，也不是靠知识就可以改变的。

对于改变性格这件事，当事人只能自己经过感受、思考、理解、调整、改变这样的过程，而不可能靠多读了几本书，多知道了几个道理来达成。

所有的痛苦是需要真正地经历过，懂得了它存在的功能，想放弃它之后，才能获得改变的。

也就是说，如果父母对一个孩子的伤害性影响已经形成，那就只能通过孩子自身的努力去改善，而不可能有什么灵丹妙药，像做个手术一样，麻药一打，医生一开刀，醒来一看，病灶没有了。

天下最“神”的咨询师也没有这样的功力，何况这天下就没有“神咨询师”。

所以，“不遗传”这件事，更多的是来自自身后天的学习与努力，而从父母那里阻断的渴望是很难实现的。

一个比较现实的渴望是，让自己努力学习做一个好的父亲或母亲，将自己将来对孩子的伤害性影响尽可能地降低下来。

“父母皆祸害”所带来的弊端

“父母皆祸害”在某些群体中，几乎已经成为人尽皆知的一句话。有朋友问我怎么看心理工作者在这句话流行中所起的作用。我想，这个说法的流行，心理工作者的确是起了一定作用的。在心理科普的过程中，许多心理工作者花了非常多的精力，在向普通父母普及早期养育的重要性。这帮助新一代的年轻父母避免了许多传统养育方式可能对孩子造成的不良影响，比如过早训练排便、与父母分离，又比如父母的情绪问题等。

当这些知识的普及度越来越高的时候，父母的养育方式带给孩子的影响有可能越来越被重视，而孩子自身在成长过程中所具备的成长能力、人格因素对自己的成长发育所具有的影响，却没有得到充分的重视。这个现象其实并不是现在才有，梅兰妮·克莱因在 20 世纪 50 年代的文章中就曾提到过。

在临床工作中常常可以看到，将自己现在的功能缺损或是适应不良归咎于父母的养育问题，往往成为阻碍人格成长的重要因素。而去探索他们为何有如此的归因，常常又会被告知："其实以前我也没这么想过，是后来看了一些心理学的东西，才感觉是这样的。"如此说来，心理学知识的普及，反而造成了一些人的成长困扰。

知识对人造成影响，是一个复杂的过程。对于心理工作者来说，话一旦说出口，有可能被接收为什么样的内容，其实是不可控的。因为每个人从他人的语言中所接收到的信息，都是加入了自己的理解的（人类倾向于以自己的过往经验来判断正在经历的事情）。每个人都是用自己对世界的理解创造了对方话语的含义，而每个人接收信息时，往往又会优先接收对自己有利的内容。也就是说，当接收这些心理学知识时，对于某些人来讲，是需要扩大父母的破坏性影响同时忽略自己可能的责任的，因为他用这样的方式可以帮助自己实现一些内部需要。

同时不可否认的是，心理学工作者本身也是曾经受伤的孩子，当他自己的创伤还没有得到很好的修复时，同样会寻找各种各样的方式来帮助自己缓解痛苦。所以，去关注父母的养育给孩子造成的影响，既是专业需要，也可以帮助自己释放一些痛苦体验（将愤怒指向父母，就可以帮助自己防御缺失了好的感受的悲伤）。所以，无意识中，某些心理工作者可能就会去强调父母的养育比孩子自身成长的影响更大。

而忽视自身原因的结果，同样会造成各种痛苦。

对人格的理解是理解社会生活的基础，所以很多的社会现象其实都是有个体原因的。当一个人在内心对父母充满了愤怒与责备时，在社会生活中，他同样也会对象征层面的父母充满类似的情感体验，比如对领导、权威的愤怒和声讨等。当一个人内心的情绪体验是以愤怒、憎恨为主色调时，他就很难与周围的人建立起安全的关系，也难以适应所处环境的社会生活。这些困难有可能会加重他内部的破坏性情感，然后再加重他的适应困难。他的生活可能陷入一个伤害性的循环里，变得很糟糕。而一个生活在如此糟糕境遇里的人，又很难信任社会、周边的人。他的恐惧投射到周边的人与环境中去，于是环境中的安全元素也遭到破坏，环境再返回来让他感受到伤害。最终，个人与社会都在这样的循环中消耗人们赖以感受幸福的重要资源：信任、接纳、关怀、爱……

这种情况下，获得改善的一个途径是收回对外部的责备，将自己从“受害者”的位置上解放出来，真正为自己的生活承担起责任。当然，这个过程并不容易，因为“父母皆祸害”是为我们提供了很多功能的，一旦放弃，就意味着必须建立起新的模式来，而这个过程，也许同样需要花掉几年的时间来完成。做出改变的前提，是我们需要理解旧模式的功能是什么。只有我们真正了解了“父母皆祸害”在我们生活中的意义，我们才可能有一个方向去寻找更健康的方式来替换它。

那么，“父母皆祸害”到底起着什么样的作用呢？

简化爱恨交织。一个孩子在成长过程中，对父母的情感体验是非常复杂的，他既需要来自父母的照顾，又害怕失去那个照顾，也害怕那个照顾里隐含着伤害。他既要处理与母亲紧密联结的二元关系，又不得不适应除了自己和妈妈之外还存在着一个爸爸，这样的一个三元关系；如果还有兄弟姐妹，就还会有更加复杂的关系；这么复杂的关系，是在生命的前三年，甚至是第一年就需要学习和处理的。

对于一个那么小的婴儿，他要适应一个现实：那个爱我的人有时也会不能满足我，让我感觉受伤；那个我以为会抢走我妈妈的人，有时也会满足我。这样爱恨交织的情感，对一个婴儿来讲，简直是巨量的信息，所以，如果有一个简单的方式来处理的话，在感觉上就会轻松许多。于是一个简单的处理办法，就是把那些重要的人做一个区分：满足我的是好人，不满足我的是坏蛋。对于一些成长困难的人，这种简单的处理方式会一直带到成年。所以，如果简单地将父母感受为“坏”的，自然就会比爱恨交织容易处理得多。

将责任推向父母，减轻自己的责任及罪恶感。当一个人在社会上适应不良时，体验是非常痛苦的。为了缓解自己的痛苦，就需要将制造痛苦的责任推向为此负责的人，而父母成为最安全的选项。这样，他就可以忽略需要为自己承担的责任，避免了体验到“我不好”，因为不好已经全部归于父母了。对于“我不好”的恐惧，是许多人无法做出改变的重要原因。在他们的幻想里，如果“我不好”，就会被抛弃；但是，当他们极力避免与“我不好”相遇时，又会一直无法找到改善的途径。

一个人在感受到“我不好”时，常常也会感受到内疚和罪恶感。罪恶感的意思是，当孩子感受到自己可能伤害了父母时（这是无法避免的，比如吸吮的孩子咬疼了妈妈的乳头），所体验到的对父母的强烈内疚和自责感。为了缓解罪恶感的折磨，孩子内心可能动用一个逆转的处理方式，将“不好”归于父母，于是就可以保证自己将自己体验为好的。

用恨的方式加强联结感。恨是一种非常强烈的情感，恨与爱在联结关系上有着相似的功能：强烈的联结。在发展过程中，当一个孩子爱的能力发展不足时，就可能用恨的方式来与重要的人建立情感联结。恨与爱相比，在感觉中会更有力量一些：当我们爱一个人时，会体验到因为需要那个人而产生的卑微感；而当我们恨一个人时，会感觉自己是非常有力量，有控制感的。

避免成长的痛苦。随着孩子长大，他们会不断发展自己的能力，终有一天，他们需要靠自己的能力在这个世界上生存。这也就意味着，他们需要完成与父母的分离。而分离这件事，对某些父母和孩子来说，都是一件困难的事。当孩子躺在“父母皆祸害”的愤恨中讨伐父母的时候，父母在内疚的驱动之下大量补偿孩子，于是这就可以将父母与孩子紧密地联结起来，双方都避免了承受分离的痛苦。但是，没有完成分离的人，在社会上一定会吃到无法独立的苦头的。

虽然“父母皆祸害”有这么多“好处”，但是，如果一直无法放弃对父母的责备，接受自己只拥有一对平凡的父母，也就无法调动起自己成长的力量，无法真正将自己从痛苦里解放出来。我们对幸福的期待，就会变得难以实现了。

以爱消融恨，远胜过以恨蔓延恨

先说一点儿题外话：最近常有人私信问我某个人的人格是不是够健康。我只能说，对于不可能在专业环境中做出评估的人，我是不敢妄言的，但生活中有一些基本的感受还是可以参考的。如果某个人在生活中让你感觉他的世界中似乎只有两种观点存在（其实世界是多元的，会有各种各样相似或冲突的观点），即“对的”和“错的”，那你恐怕就要小心了；如果他将那些他归类为“错的”的观点进一步感受为是为迫害他而存在的，那你最好离他远一点儿。这种现象是不是病理性情况先不说，你至少可能面临着很难与他沟通的情况。而他将你的言行不假思索便直接感受为对他的迫害时，可能就会缺少反思你们观点上的不同的能力，进而对你产生敌意，这就会使你的生活无端地增加很多烦恼。

所以，日常生活中，不必去分析或是判断某个人的人格情况，但是尊重并体谅彼此的感受是非常重要的。一个能够体谅、尊重他人也尊重自己的人，人格健康度不会差，而他所具有的这些能力也会帮助他获得他人的尊重。

我曾经写过很多篇有关创伤修复的文章，详细说了创伤修复过程中可能会面临的各种情况。当然，这与创伤修复过程中真实遇到的复杂情况相比，可能也只是九牛一毛而已。每个人的情况都是不同的，所以每个人的成长之路都是个性化的，没有人可以断言另一个人做了什么就能实现人格的成长。但每个人在真实的生活中，也都有可能找到适合自己的成长之路。我想在这里做一些总结，也许会对那些不断在问“怎么办”的朋友有些帮助。

首先你要知道，创伤修复可能会是一生要做的功课，会是一个非常漫长的过程，这也是人格成长的重头戏，所以你要给自己足够的时间，允许自己完成这个过程。同时这也意味着，没有谁真的可以简单到给你一个“办法”，就让你完成了这个过程。而别人的“办法”也不能保证，对你而言会成为“良药”，所以你自己所需的“良药”是需要自己去探索、学习的。当你对自己了解得越多，你就越有可能发现自己被限制的地方。在那个地方做出一些改善，这就是你自己的“良药”。所以，你的成长是需要自己投入其中的功课，而别人无法代劳。而且，这绝不是一个可以轻松完成的功课。不轻松是因为只有你去面对和感受这些痛苦，才可能知道它是什么，理解它的诉求是什么，才可能有穿越它的方向，有改变它从而摆脱被它束缚的动力。而别人是无法替你完成这个过程的。

对于“父母皆祸害”一说的看法，有人总结分成了很多派。在我看来，这不是帮派之争，而是个体对创伤修复过程的感受、期待

(比如内归因人可能更有勇气担负起对于创伤修复的责任）不同，或者是写作者和读者所处创伤修复的阶段不同所带来的感受和认知上的差异。

其中，“祸害”论所强调的内容，应该是整个创伤修复过程中的某个阶段；而“和解”论所谈到的，应该是创伤修复的最终目标。其实它们并不冲突，只是当过于强调某一部分，而割裂了它们之间的内在联系，或者忽视了创伤修复是一个动态的连续过程时，就会陷入“正”与“误”的争论中。在创伤修复的某个阶段，“祸害”论可能与主观感受更相应，但如果只停留在这个阶段，创伤是无法获得修复的，个体就会一直被这些创伤体验带来的伤害感所束缚。最终帮助解开这些束缚的，并不是持续的愤怒，而是不断从外吸取，从内滋生爱的体验、安全的感受。最终，爱的体验可以逐渐消融或是中和恨、愤怒、无力等，使恨不再成为一个人情感体验中的主色调，从而渐渐将他从伤害感中解放出来。

“和解”并不排斥“祸害”的体验，但一个人最终获得修复，并不能因为“祸害”的体验需要被接受和理解，就将它感受为一种责备历史与父母的权利。因为创伤已经发生，历史不能改写，责备实际上就像是绳索，将现在和过去牢牢地套在了一起，使现在的生活无法从过去的伤害中解放出来。我们正视创伤的存在，看到并允许自己对伤害者的愤怒，其意义在于我们最终可能看到这些伤害如何束缚着我们，如何破坏着我们现在的生活，而我们已不再是那个只能束手被伤害的孩子，我们可以做一些努力，帮助自己解放出来。

来自现实中的伤害和感受方式的伤害在修复上可能会有不同的过程。我们每一个人都是带着创伤长大的。这些创伤，既可能因为现实中被他人伤害——这会影响一个孩子的安全感和信任感的建立，从而使孩子的生活终身受影响；也可能来自个体感受、理解痛苦的方式——当一个人尚未修通嫉妒、贪婪等内在情绪运作时，他就可能非常容易将他人感受为伤害性的，哪怕现实中那个人其实是非常友善的（对这些感兴趣的朋友可以找梅兰妮·克莱因的书看，尤其是《嫉羡与感恩》）。对于现实性的伤害和来自自身感受方式的伤害，修复的过程会有不同，这可能也是引发争论的一个原因。

很多从事心理咨询工作的人感觉科普文章很难写，稍有不慎，科普文字就可能变成对读者的束缚、误导，转化为读者的一种防御方式而非修复动力。因为每个人所读到的文字，都是自己当时愿意吸收的文字（选择性注意），且吸收的内容也是基于自己的人生经验去理解的。而这个理解对读者而言，却很难保证是作者的本意，或是基于客观的理解。读者如果真的想帮助自己修复创伤，去寻找心理咨询师的帮助是比较靠谱儿的选择。科普文章能起的作用，只是普及一些基本的内容，而不能针对每个人的具体情况。而且如果是文章而不是某个专题的书籍，就更是只能挂一漏万地讲讲，所以科普文字无法胜任修复的工作。但不能否认，科普文字的客观、完整，对于心理科普和情绪的平和尤其重要。因此在谈创伤时，在谈到“父母皆祸害”的愤怒时，至少也应该同时谈到，完整的修复过程有可能是怎样的，愤怒并不是全部。

在爱中体验恨，恨可以慢慢被消融；用恨激荡恨，恨会激涨。恨是一把双刃剑，刺向父母的同时，也刺向了自己。恨虽然是创伤修复过程中的一个阶段，但过多地强调这一部分容易造成一个结果，就是停滞在这个阶段难以前行。创伤的修复本来就是一个艰难而漫长的过程，对于某些停留在“我不要长大，除非你们那时候没有那样对我”，或者“我的痛苦都是你的错，除非你改变，否则我不能改变”这样的感受方式中的人来说，会增加“正视未来的生活要由自己来把握”的难度。

很多人会停留在“明明我是被伤害的人，凭什么这些痛苦的改变要由我来承担”的愤怒中。是的，这的确是不公平的，但绝对的公平在这个世界上并不存在。因为那个伤害你的人可能也是曾经的受害者，所以你才遭遇了这样不公平的对待。但这样的停留最终造成的新痛苦，其实还是得由自己来买单。所以，和解最终解放的，其实是自己。

这个和解里，更多的是与“内心的父母”和解。如果与“内心的父母”完成和解，现实中与父母的关系就会变得容易。即便是因为他们的虐待无法停止，最终选择离开他们时，你的转身离开都可以轻松而坚决。而无法完成和解的过程，爱恨就像一团乱麻一样纠缠在一起。爱可能被恨压制，恨也可能不断用各种方式寻找爱的可能，所以关系也就会像乱麻一样让人痛苦。能将我们从关系的痛苦中解放出来的，最终会是和解（完成对所丧失的理想父母的哀悼）。

不必急着达成和解的目标，跟随自己的脚步，听从自己内心的声音。和解作为一个修复的目标，并不是每一个人都可以完成的，更不可能快速完成。所以，当你很无力地感觉“可是，我做不到啊”，没关系，那就允许自己暂时做不到。实际上，这个世界上并没有将创伤完全修复的人。每个人都走在自己修复的路上，只要不停下，成长总会越来越多。

你可以试着多与心理健康的人在一起。人格越成熟，情绪越稳定，爱与感恩的能力越强，容纳伤害的能力也越强。当你与这样的人在一起时，你也可以从他们身上感受到与痛苦共存的力量；当你能允许与它共存时，就有了修复它的可能。

当然，这个过程中，“相信”会成为非常重要的一个能力。如果我们把人格成长看作爬楼，有人爬到了五楼，有人爬到了十楼，有人爬到了二十楼，所处位置不同，看到的风景也会不同。当我们尚在楼底时，可能相信五楼的人所描述的风景，但对十楼的人说的话我们可能感到迷惑，对二十楼的我们可能会质疑。因为我们还没有经历过，所以难以相信那些我们无法想象的风景，尽管可能二十楼的人描述得更客观和全面。在这种情况下，“相信”能力更强的人，可能对上面风景的期待会更多，向上走就会更有动力；而完全无法“相信”的人，可能会一直停在那里寻找“出路”，或者花力气批判走在前面的人不可信。

我们不必强求自己一定要听从谁，但至少要知道，在人生的不同阶段，修复的不同阶段，每个人对生命的感受会非常不同。不管我们同意或者不同意他们，不妨让自己多听一听他们的经验，这就会让我们多一些选择的可能。但不管我们听到什么，你要知道，那是他那个阶段的领悟，只要生命还没有结束，领悟可能一直在变化中。如果你已经爬上了很高的楼，也要知道，爬得越高，你的理解者越寡。因为爬上来毕竟不易，所以越往上，你的同伴就会越少。那也不必急着争论，等待时间的引领，等待更多伙伴赶上你就好。

不管怎样，不管我们经历了什么样的人生，不管我们已经长到多大的年纪，只要我们不曾放弃自己，愿意努力让自己的未来生活更好一点儿，我们总是有机会去试试的。

2
PART
我们内心那些隐秘的运作

忍不住地发脾气

其实，每个管不住自己脾气的人，当他发脾气的时候，都会感受到坏脾气所带来的痛苦，所以，发脾气的人都不喜欢自己情绪失控的样子。可是，他们往往也不会因为不喜欢，就真的管得住自己，因为每个发脾气的人总是有发脾气的原因的。

从原生家庭中学习到这样的表达方式

我们每个人都成长于自己的原生家庭，在我们与家庭成员共处的时候，我们在感受自己与家人之间的关系，也在观察家人与家人之间的关系。

在我们的成长过程中，对我们影响最大的，通常会是父母和兄弟姐妹。

当我们出生后，完全仰赖我们的抚养者生存，所以他们的言行就会对我们产生非常深刻的影响。

同时，在与他们的互动中，我们也会学习他们处理情绪的方式，并将学习到的这些内容吸纳入我们的内心世界，变成自己人格中的一部分。

在今后的生活中，我们就会采用相同的方式去处理类似的事情。

在一个孩子的成长过程中，如果他所看到的是每次出现问题时，父母之间的处理方式都是吵架、发脾气，那么在他的世界中，就慢慢形成了对处理矛盾的一个解读方式——吵架和发脾气。

所以，当他成年后，就会习惯用这样的方式与人相处。因为这种处理方式是他所熟悉的，而他的内心也缺少其他处理方式的经验。

或者，当他与兄弟姐妹相处发生矛盾时偶然间发现，他发脾气会让其他孩子在他面前变得安静，让自己感觉到安全。从而无意间发现，这个处理方式可以让他从中收获他希望获得的结果，所以他就会在生活中更多地去应用它。

慢慢地，这种发脾气的方式就会成为他处理人际摩擦的一个主要方式。

因为害怕，所以激起了“战斗”的冲动

发脾气就像武戏中的拉开架势，架势摆得越足，内在的功力可能越浅。有时候，当一个人开始发脾气时，不是因为他太强大，而是因为他太害怕。

每当遇上危险的时候，我们的内心就开始快速评估：我之前

遇到过与这个危险类似的情况吗？我的内心有处理这种危险的经验吗？

如果评估的结果是“这根本不算什么危险，这事情对我不太可能产生什么影响”，我们的处理方式可能就是一笑置之，根本不把它当回事。

如果评估的结果是“这件事情太危险了，根本不是我的能力所能应付得了的，而且我的内心也根本没有储存相关的处理经验”，我们就会选择放弃与这个危险过招，选择躲避它。

而当我们内部的评估结果是“这件事情很危险，但我还不至于应付不了，不过应付它也真的很棘手，因为这件事的确是危险的”。这时，我们就开始调动全身的能量，准备全力投入到对付这个危险的“战斗”中去，这就是我们在生活中常常遇到的战逃反应。

在生活和工作中，我们常常会遇上一些爱发脾气的人，与他们共处的时候，有时明明是他们自己出了一些状况，比如因为工作失误而被批评，或是他们自己遇上了一些不好处理的事情，可他们处理的方式不是想办法解决问题，而是对着别人发脾气，我们会觉得这样的人不可理喻。

其实，他们发脾气恰恰是因为他们内心虚弱，需要借助于发脾气来掩饰内心对于自己做错事情或是缺少能力的恐惧（将“坏”投射给别人，在气势上压制别人）。

发脾气对他们来说，就像是让他们穿上了防弹衣，可以让自己躲在里面，躲避被批评的可能。

而他们之所以需要这样的“防弹衣”，恰是因为在他们的感受中，自己是没有能力的，是需要借助外在的保护来躲避危险的。

比如一个有了外遇的丈夫，当他的事情被发现后，第一个反应可能是冲着妻子发脾气："你从来都不在乎我的感受！"

此时的发脾气，其实是因为他觉得自己做错了事情，而这是要被惩罚的。为了逃避惩罚，他选择了让自己进入战斗状态：冲妻子发脾气，从而缓解自己内心的害怕。

所以，有时候，生活中脾气越大的那个人，越是害怕的人。

为了阻止那个害怕对他的袭扰，他便会采取发脾气这样一种看起来很有战斗力的方式来证明自己是有力量的，而一个人之所以要在他人面前证明自己有力量，也恰是因为他内心感受不到自己是真正有力量的。

觉得自己有发脾气的权力，自恋的人尤其如此

有时候，发脾气也会被当作一种权力的象征。我们也常常可以看到，坏情绪往往是从权力高的人流向权力低的人的。

比如一个在工作中被老板批评的男人，带着一肚子的气回到家里，当他推开家门，发现孩子正在玩电脑而不是在写作业的时候，他可能会对着孩子大发雷霆。

表面上看，他是在管理孩子的行为，实际上，他发脾气的背后是在处理被老板批评所带来的耻辱感、无能感等挫败性的感受，以及因自己能力不足所带来的失望或愤怒感受，等等。

所以，他对孩子所发的脾气，其实很大一部分是指向老板和自己的，但他自己又没有能力代谢掉这些情绪，就把它们扔给了在家

庭中权力、地位都相对较低的孩子。

因为对于他来说，把这些情绪转移到孩子那里是安全的，孩子的地位低于他，反攻他的力量就相对要弱一些，就不会给他带来新的威胁。

同时，当他将情绪转移到一个比他更弱的人那里时，在这个弱的人面前，他会感受到能力和权力又回到了自己的手里，就可以寻找回他的控制感。在一个更低权力的人面前，他的权力就可以再次得到确认。

将发脾气当成自己的一项特权，来满足自己被特殊对待的需要，这在有自恋性特质的人身上会尤其明显。

具有自恋性特质的人，因为没有在内心世界建立起清晰的心理边界，所以有时他们就无法确认情绪的归属者，也不能从心理上厘清别人是独立于自己的个体，拥有属于自己的想法、感受和权利。因此，他们常常会把自己与他人的情绪搅和在一起来处理。

比如，一个有自恋特质的人，当他面对别人的成绩时，感受到的并不是为那个人的成绩而高兴，反倒可能认为对方的成绩是对自己的贬低。当他有了这样的感觉后，会因为自恋的受损而愤怒，就会对那个取得成绩的人发脾气，认为是那个人伤害了他。

或者，因为自恋的人是无法意识到别人是独立于自己的，所以在他的感觉里，他常常会觉得别人应该与他有着相同的感受，当他发现别人的感受没有与他同步时，他同样可能感觉到被伤害，从而会发脾气。

生活中常见的例子是，一个有自恋性特质的母亲，当她觉得自已没有得到丈夫更多的关怀时，就会把这种抱怨转向儿女。一方面不断向儿女诉说丈夫的不好，另一方面也会因为儿女替父亲辩护而发脾气。

没有学习到更有效的表达方式，发脾气已经成为一种习惯，语言化功能不足

用语言表述出内心的情绪、情感，是一个心理的高功能。因为这需要有能力允许自己感受到那些痛苦情绪，而且在感受到的同时，可以耐受那些情绪，只有在能够耐受的前提下，才有可能平静表达。

每个人在成长过程中的经历不同，所发展出的心理功能也不同，语言化的能力从而也不同。

对于一些心理功能相对较低的人来讲，他们可能会采用一些相对不成熟的方式来处理愤怒情绪。比如用行为的方式，打架、摔东西等；或是将一些无法表达的情绪压抑下来，最终用使自己身体某个地方出现问题的方式实现表达。

他们之所以会采用这种相对行动化的方式来表达愤怒的情绪，是因为在他们的成长过程中，未曾积累用语言直接表达出自己情绪的经验。在他们的想象中，直接表达有可能是充满危险的，所以也就不敢直接表达出来。

还有一些人，因为在成长过程中只学会了用发脾气的方式表达愤怒情绪，所以在日积月累之后，用发脾气的方式处理情绪也就成了一种习惯。

每当他们遇到让自己不舒服的情境时，就只会用发脾气的方式来处理。其实有时候，他们的内心未必真的有很多愤怒，只是基于以前的习惯罢了。

这时候，发脾气已不仅仅是一种处理情绪的方式，而成为一种社交手段或是与他人建立关系的方式了。

内心缺少爱的确认

对于内心缺少被爱、被肯定的人来讲，他们对自我的认知是模糊的，所以也不了解自己在他人心目中有可能是什么样的形象，同时也不知道怎么样更好地与人相处。

当他们与人打交道的时候，内心的情绪常常是自己没有能力去容纳的，所以那些他们无法代谢掉的情绪就会引导他们一步步走向用破坏性的方式与人共处，比如发脾气。

我有一个多年的来访者，当我外出学习半个月的时候，他因为见不到我，内心积累了大量的焦虑。

这些焦虑是他无法面对的，于是变得越来越焦躁，最终与上司发生了很大的冲突，丢掉了工作。

当他与我谈这件事的时候，他告诉我，我的离开被他体验为我对他的抛弃。被抛弃的感觉是他无力去承受的，所以当他无法见到我的时候，他的生活全部乱了套，最终他用爆发的方式释放了内心的焦虑，但这次爆发也给他带来了破坏性的结果。

可恨之人的可怜之处

心理圈子的同道聚在一起，常会有一句慨叹："心理咨询，可真不是人干的活儿！"虽然这句话里有玩笑的成分，但是也非常写实。咨询师每天在与人的病理性部分打交道，的确要承受非常多的痛苦体验。

对于分析性咨询师而言，不能承认人性中的阴暗面是无法进行分析性治疗的。而去分析这些内容，就必然要让自己的情感体验进入那个阴暗区。

因为分析性咨询师能动用的唯一"工具"就是咨询师自己，他必须让自己的情感处于与来访者的互动过程中，去感受和理解面前的这个人。

只有在这样赤膊战一般的近距离互动中，咨询师才能帮助来访者慢慢发现自己的幻想与现实的不同（比如感觉咨询师从来听不懂自己，也不满足自己的需要，只是为了赚钱才与自己在一起），才能帮助他慢慢放弃一些非现实性的理解，在人际关系中慢慢建立安全感（慢慢感受到咨询师没有满足自己的背后，是帮助自己发展了观察、理解他人的能力，而咨询师在这个不满足自己的过程中也承受了巨大的压力）。

当来访者发展出了理解人际关系的能力时，他也就更有可能学习到或者发展出健康的人际关系。而在这个过程中，咨询师的情感要始终保持开放，保持开放的一个结果，就是要承接来自来访者的种种伤害性情感。

每个人的人格中，健康部分都是与病理部分比邻而居的。这就意味着，每个人的人格中都存在着病理性的内容，当遇上一些特别的情况时，这些病理性的内容还可能会发作。

所以，我们只要生活在这个世界上，总会有些时候被一些人的病理性状态所折磨，何况有时候我们自己就会进入病理性状态（比如情绪突然失控，怀疑一切，痛恨一切）。

既然如此艰难，那咨询师在这样的痛苦中是靠什么支撑下来的呢？靠的是对人性的理解。

可恨之人，必有可怜之处。咨询师经过多年训练，并在临床上摸爬滚打多年之后，与一般人相比，对人性有了更多的理解和接纳，所以也就更容易理解与来访者互动过程中的伤害性体验是怎么发生的，也更有能力去处理和代谢这些伤害感。

很多时候，当理解了可恨背后的可怜（此处的可怜是怜惜，非怜悯），被伤害感也就减轻了。

这也是为什么在西方国家有资深的精神分析师建议青春期的孩

子都接受一段时间的精神分析。那是因为，对自己了解越多，对人性的了解也就越多，在社会上也就更容易健康地生活，这会是一个持续受益的过程。

与日常生活环境相比，咨询室是一个集中地体现病理性表达的地方。并不是说来到咨询室里的人都有严重的精神病理性问题，而是说健康的部分是没有必要花钱、花时间找咨询师来处理的，所以咨访之间常常要面对的，是来访者在社会上适应不良的部分。

有时候，在前后两个时段的不同来访者身上，会非常清晰地看到人格相对健康的人和人格中存在大量病理性内容的人之间的巨大差异。

简单点儿说，面对人格相对健康的人，咨询师工作起来要容易得多，工作进程也快得多，工作过程中双方好的体验也要多得多。

而面对人格发展健康度相对差的人，咨询师的工作难度会加大很多。

尤其是一些人格障碍的来访者，比如边缘型人格障碍，简直可以把咨询师折磨得生不如死，所以有的咨询师会拒绝与严重边缘型人格障碍的来访者一起工作。因为与他们一起工作，耗费的心力巨大，而改善又非常缓慢细微，过程还极其痛苦。

更重要的是，与破坏性极强的来访者一起工作，咨询师要保证自己“活下来”是非常困难的；如果咨询师在来访者的攻击和破坏下不能“存活下来”，那是很难帮到他的。对来访者来说，有可能会形成新的破坏性体验。

心理咨询师尚且如此，如果是生活中的普通人，身边有一两个这样的人的话，那就会是非常痛苦的一件事。所以，试着去懂得一些和那些“可恨”相关的知识，对于调整自己的生活是非常有帮助的。

当然，懂得这些的目的，并不是要每个人在懂了之后去承载那些让人不舒服的人的行为，生活里谁都没有这个义务，而是要学会区分：哪类人群是可以通过与之沟通达成谅解的；哪些人是要避免恋战，远而避之的。

因为对于某些严重病理状态的人，经过多年训练的心理咨询师尚且需要在督导或是分析师的帮助下去代谢他们投射过来的破坏性内容；对于普通人来讲，既无从区分他们的病理性的内容（大多数人会觉得那个人“怪”，或是脾气不好等，但是很难知道那些是基于人格中的病理性内容），又没有那么多途径去处理伤害感，躲远些才是最好的保护自己也保护对方的方式。

因为对于病理状态的人来说，他们不会觉得是自己伤害了你，更多地会认为是你在伤害他们，这就是缺少现实感的表现。

那么，那些“可恨”，到底在表达什么呢？

“无底洞”背后的伤害感。这是很常见的一类人，他们很难获得满足，不管是物质上，还是情感上。不管给予多少，他们都会感觉不够，甚至会一直感觉“你都不给我”。

他们会花很大的精力用于寻找“得到”，有时他们会开口向你要，要你不断给他一些东西，要你全天候地陪着他，要你不管走到哪里都不能脱离他的视线，要你不断赞扬他，要你……反正，他有各种各样的需要，哪怕你只能给予八个，他也会不断要求你给他十个。

只要你稍不满足他，他就会感觉被你伤害，可能会对你感到愤怒，也可能暗暗垂泪。

总而言之，他不管用什么样的方式表达，都会让你感觉自己很糟糕："怎么能够去伤害他？"慢慢地，你在关系中会感觉自己越来越无法忍受，直到有一天，你实在受不了了，开始拒绝他的一切需要，于是他感觉天要塌下来了：你果然是一个如此严重伤害他的人！

他的心里是真的有一个无底洞，那个洞就是被伤害的恐惧以及对理想化客体（全能的父母）的渴望。当那个恐惧在他的心中占据主导地位时，他就会渴望不断从外部获得一些安全保障来抵御那些恐惧的威胁。

但是，当他的需求太强烈时，就会有了贪婪的特质，贪婪的人是无法获得满足感的，也就是没有可以中和他心中的伤害感的资源存在。所以，他就会一直将自己和周围人陷在这样一个"害怕—索取—给对方施加压力—被拒绝—更加害怕"的循环里。而那个理想化的客体，也不可能在现实生活中寻找得到，所以就注定他会陷进失望的愤怒里。

"我才是对的，你们怎么可以那么想（那么做、那么……）！"

否定或者不愿意倾听和理解别人的想法，认为只有与自己的想法相同的人才是对的，这种人往往只是拥有一个相对狭窄的内在世界。

当他们无法理解世界的多元性时，也容易陷在非黑即白的狭小空间里，在黑白两极间滑动。

因为缺少了中间地带，他们的内在世界也会缺少色彩，他们的生活状态往往也是贫瘠的，这个贫瘠是指情感空间的匮乏。

因为选择性太少，为了保证自己不处于“错”的位置，他们就会努力将自己感觉为好的、对的，将不好的部分推给别人。

所以，只要与他们的想法不一致，在他们的世界里，都会被认定为“错”或是“不好”。这类人常常会对他人充满批判，让周围的人对他不胜其烦。

而他们今天对别人的批判，恰可能是他们成长中曾受到的对待。

当一个孩子在被否定、被批评中长大时，就很难发展出勇气去探索世界，所以他就会把自己限定在一个批判者认可的小圈子里，保护自己远离被批判的感觉。而他的小圈子，在他今后的人生中，又会成为他评判和责备别人的标准和武器。

“你怎么可以不知道（不理解、不……）！”有些人，是无法接受对自己重要的人只是一个普通人的，所以当他们发现这个人并不是如自己期待的那样可以满足、理解自己时，就会变得很愤怒。

在亲密关系里，有时，他们会感觉自己什么都不用说，对方就应该知道自己想要什么，并给予自己。

当他们一旦没有得到自己期待的那个结果时，就会变得非常愤怒，觉得对方是在故意伤害自己。他们无法理解，如果自己没有讲出来，甚至没有经过几轮的反复确认，对方是无法知道他们的内心世界发生着什么的。因为在他们的内心，一直没有完成与母亲分离的过程（个体化不足）。

当一个胎儿在母亲体内时，他的确什么都不用做，母亲就为他做好了一切。但是成人的世界里，再也不会发生这样的绝对满足。

这个期待背后，还有一些理想化的成分。理想化的意思就是为了抵御自己无力去做什么来保护自己的恐惧，于是将对方感受为一个理想的人，那个理想的人甚至可以拥有神奇的能力，保护自己远离伤害。在一个婴儿成长的早期，理想化可以非常有效地帮助孩子建立安全感、信任感。

但是，如果在成人世界里过量动用这个机制，就会破坏人与人之间的关系。因为，毕竟理想化只是为了抵御伤害而动用的一个方式，背后的伤害感会一直在关系中发生影响。

“你没给我情感（理解、温暖……）！”随着“共情”这个词的日益普及，共情常被误解为给人以温暖、接受或同情，而不必在乎对方表达出的情感性质。人们会将“共情”与“被满足”等同起来。

在心理咨询过程中，这种情况尤其突出，咨询师常常被来访者责备只给了他分析却没有对他表达共情。

其实，心理咨询的目的并不是让来访者单纯在情感上感到舒服，而是帮助他获得对自己更多的理解。而这样的理解过程，有时候是建立在深入痛苦体验中的；何况很多时候，咨询师也并不能马上明白来访者的内心世界在发生什么。但是自我功能差的人，是很难理解咨询师的不明白的，他会将咨询师没有按照自己期待的样子给予情感上的呼应感受为来自咨询师的迫害，哪怕咨询师正在做的是对他真正意义上的帮助。

当然，对于精神病倾向的人来说，他们也是很难觉察到自己有问题的。因为他们会更多地动用分裂与投射的方式，从而将所有的问题推向咨询师。

在生活里，人格中存在太多精神病型人格组织的人，往往会让周围人发狂。他们在成长过程中曾有过非常强烈的创伤性体验，比如养育者情绪的极度不稳、被抛弃、被虐待等等。所以他们在人际关系中极度缺少安全感，对人也无法抱有希望。

他们会用各种折磨人的方式来抵抗来自外部的“伤害”，而且当一些好的体验发生时，他们会变得非常焦虑，甚至破坏那个好的体验（比如边缘型人格障碍者有可能在开始好转时，出现自杀的念头）来抵抗对好的期待。他们在人际关系中充满了抱怨、责备、愤怒、攻击等等。而他们的所有这些“可恨”，其实都来自他们心底的绝望和恐惧。

当然，生活中的“可恨”会有许多，也许写上几天几夜也写不完。但是如果你知道那些可恨的背后，往往有着深深的伤痛，也许就会让自己更容易面对一些。当然，面对的意思并不是让自己忍受无端的伤害，而是帮助自己识别出对方的伤害性行为，然后可以选择让自己舒服的应对方式：去包容、理解，或者去拒绝、远离。

怨妇无人疼

最近与友人小酌，席间一位朋友说起我们都认识的一个人。因我与那个人接触的机会较多，朋友便不无好奇地问我："她说她在你们那里备受嫉妒，只是我不明白那怎么可能。因为我看到的是她很不受欢迎。"听朋友这样讲，我先是感觉诧异，继而有些酸楚。因为我们都看出了她人格中的失衡状态，而这些状态的背后，是诸多的创伤性内容。不过最终在我的心里，还是有些许好笑浮了上来。

我感觉到的好笑，实际上是在表达对那个人的攻击。在我看来，她还远没有修行出被嫉妒的资本，可是她一次次地以某大师密友自居的姿态让我时时感觉想离她远远的。因为每当她出现这种状态的时候，都会暗中传递着对周围人的贬低，这会让周围人感觉到她的不友善，于是远远躲开她。当大家都不喜欢与她走近的时候，她自然会感觉非常不舒服。但是她将这个不舒服感受为别人不好，是周围人在嫉妒她。因为这样总比感觉自己不受欢迎舒服些，也可以让她感觉自己是好的，别人是有问题的。

以与某个有名望的人关系非常紧密而自居非凡，其实她的潜台词并不是“我与某个人关系好”，而是“我是个了不起的人。因为我这么了不起，所以我拥有某种特权”。恰恰是对这种特权的需要，往往会给她带来诸多的麻烦，也往往会把她和他人的关系搞得很不舒服，甚至会导致别人对她的不断攻击，最终把自己搞得一团糟。这是典型的怨妇模式。

她的确是个苦孩子，从小有过很多创伤性经历，这使她在潜意识中不断制造类似的伤害性情景，试图在重复中改变曾经的经历。可是，她并没有学会新的、健康的人际模式，所以她只是在不断重复旧的关系模式，这使她在重复的过程中不断吸引周围人攻击她、抛弃她、讨厌她。在表层，她对世界、对周围的人充满了抱怨，她觉得自己像那位专家一样优秀，周围的人都应该臣服于她；当她得不到时，她便抱怨别人不够重视她。但更深的层面上，那些创伤性的经历使她对自己的解读是“我是个坏孩子，所以才被不好地对待”；对自己是坏孩子的解读使她不断在潜意识动力推动下制造困境，以此来证明自己是个坏孩子（强迫性重复），这其实是一个孩子对自己的忠诚；只是，这是一个破坏性的循环。

她应对这些糟糕体验的方式就是不断地抱怨。当她最初抱怨这个世界对她的不公时，大家还能耐下心来听她讲。后来她不断抱怨周围的人对她不够好，不能完全满足她的期待，不够包容她，不够理解她，等等；当她的创伤成为她讨伐周围人群的资本时，她周围的人就会对她越来越不耐烦起来，有哪个人愿意总跟一个“债主”待在一起呢？所以，最终的结果是周围的人开始讨厌她，这也最终证实了她的内在图像——周围的人都对她不够好。

从某种程度上说，我们的世界其实是由自己创造的：我们播种爱，收获的也是爱；我们播种怨，收获的往往也是怨。精神分析理论中有个名词叫作投射性认同，说的就是这回事。

我身边另一个人的情况与她的就不一样。几年前，这个人的状态与前面说的那个人类似，也是个让大家都很头疼的人。可是随着她人格的不断成长，我们发现她越来越让人舒服起来。当她能够真心地去欣赏别人的时候，当她满怀柔情地去照顾别人的时候，大家都从她的身上体验到了爱的温暖。这种温暖的感觉也吸引她周围的人不断靠近她，喜欢她的人越来越多，这也帮助她越来越喜欢自己。而当她喜爱自己多一点儿的时候，她与外界的竞争就少了一点儿，对周围人、事、物的包容和接纳就多了一点儿，她也就有更多的能力去喜欢周围的人，从而吸引更多的人喜欢她。所以，成为怨妇这件事，真的怨不得别人。如果能放下一些抱怨，多一些包容与接纳，也许每个人的生活状态都会有些改变。

当然，真的放下抱怨，也并不是一个容易的过程。在我们的生活中，有多少人处于在家怨父母、出门怨社会、工作怨领导的状态？因为抱怨别人，永远比改善、发展自己更容易。可是，抱怨也是最有杀伤力的方式，它使人与人之间失去彼此支持与合作的动力。作为一个渺小的凡人，我们去改变他人、改变世界的能力是非常有限的。抱怨能够带来的，更多是关系的破坏，而不是对方的改变。而我们有可能使对方发生改变的方式，恰恰是我们自己的改变。这就是为什么当我们感觉“父母皆祸害”时，我们并不会感觉生活变得更好，而只会更多地陷进愤怒、无力、被迫害等痛苦体验里去。

“父母皆祸害”，也许可以算作怨妇情节的源头。从现实层面讲，每一个孩子成长过程中，肯定都曾从父母那里感受到过伤害性体验。即便是这个孩子幸运到遇上了一对完美的父母（实际上完美的父母是不存在的），他出生的时候也一定经历过脐带的剪断。从脐带被剪断那一刻起，孩子失去了一个可以完全满足他的世界，这就足以让这个孩子感受到“被迫害”了，所以天下没有不曾受伤的孩子。何况，现实中父母可能并没有那么完善的能力去保护孩子远离伤害性体验，而且他们自己内心未处理的伤痕也一定会影响到儿女的成长过程。

那么，孩子是不是注定就要终身生活在伤害之中呢？不一定。孩子的成长，取决于几个方面的因素：孩子自身的成长功能、父母的养育方式、社会和环境以及文化的影响等。

也就是说，如果一个孩子自身所具备的成长能力足够好，他还是可以在不完备的养育中获得好的成长的，而社会、环境、文化等也可以起到父母般的养育功能，可以帮助这个孩子修复创伤性体验。所以，我们在日常的心理工作中，常常可以看到一些曾经历过极端创伤性体验的人成长得非常健康。他们有能力为自己的生活负责，努力创造自己现在的生活，并不抱怨曾经历过的伤害，所以他们的现实生活通常也会不错。

放弃抱怨，并不是否认曾经被伤害的经历，而是承认和接受那些伤害已经发生，并且不被它们缚住手脚：不会因为曾被父母打骂而继续重复性创造被伤害的机会，也不会因为曾被父母情感剥夺而推开所有善意的情感，更不会执持“我就是不能过好自己的生活，除非当年你们没有伤害过我”的想法。

放弃抱怨是这样一种状态：曾经，我的父母没有能力很好地照顾我，让我的成长中有过很多痛苦的体验，但是，我决定从现在开始，要好好照顾自己，我要为自己现在的生活负起责任；如果父母不曾带给我好的体验，我接受曾经的痛苦一直在我的身体里流淌，但我不会让自己继续伤害自己，陷入同样的痛苦。

只有当一个人真正有能力放弃对父母的抱怨时，他才有能力将自己感受为一个独立的个体，才能放弃“是别人在主宰我的命运”的信念，才能获得心灵的自由。只有当他不再抱怨的时候，他才能收回对外在世界的敌意，收获来自外界的爱的体验，改善自己的生活。否则，他的周围就会充满假想敌，这些“敌人”怎么可能赠予他爱的体验呢？

以“为了你好”的名义

一次去跟朋友聚餐，席间一个朋友说起自己的烦恼：他是个专业上做得很精的人，所以工作业绩相比其他同事要高出很多，他每个月的收入是其他同事的好几倍。他不知道是不是他的业绩高了反而给他带来了麻烦。因为最近几个月，他的工资和提成都没拿到。

当然，其他同事也没有拿到，不过其他同事没有他那么大的开销。他的业绩之所以比别人高出许多，是因为这些年他一直没有放弃学习，能力比别人高的同时，学费的支出也高了许多。当他去向老板讨薪酬交学费时，却被老板苦口婆心地教育了一番：“人活着不能光看到钱，你要是一门心思把钱看那么重，你这个人就毁了。”薪酬没有要回来，朋友还被老板说得挺惭愧的，可是纳闷过后就觉得不对头了：不对呀，我去要的是我自己的薪酬，又不偷又不抢的，是我本来就该得的呀，咋在老板那里倒成了我钻钱眼儿里了？

朋友这么讲，差点儿把我笑岔了气儿。这样的人，我没少遇上过，而且身边也并不乏这样的人。他们惯用的手法就是制造对方的内疚，当把对方搞得焦头烂额时，恰好就可以以“为了你好”的名义完成对对方的剥削。

这种情况，最常出现在父母与子女之间，当然，是指在东方文化背景之下。

在生活中，我们常常看到，面对很小的孩子，父母会立各种各样的规矩：不许玩泥、玩水，因为那不卫生，于是孩子渐渐失去了探索世界的兴趣；不许孩子自作主张，尤其是与父母的经验不相一致时，那一律被看成是危险的，于是孩子渐渐失去了自主的愿望，以至于长大成人后，凡事也不敢自作主张，成为工作和生活中完全缺乏创造性的人；不许乱交朋友，因为“近墨者黑”，所以交什么样的朋友，需要父母先过目，等孩子成年后，才发现孩子不善于社会交往。

父母的这些规矩，看起来是为了孩子好。其实，深究下去就会发现，这么做很大一部分是为了缓解父母自己的焦虑，或者只是父母自己恐惧感的投射。不让孩子玩这玩那，不一定真的能帮助孩子远离疾病，但父母也就不必承受孩子生病的焦虑、不必忍受孩子玩的过程中失控带来的焦虑。

在养育孩子的过程中，当父母越有能力承受压力、容纳焦虑时，孩子越会感受到来自父母的安全；当孩子感受到父母带来的安全时，他才有勇气去发展探索世界的能力。当一个孩子犯了错就被父母教训一顿时，从父母的感受来说，的确是为了孩子好，但父母也恰恰是把原本应该由父母承受的压力扔给了孩子。当家庭中发生一些状况时，父母可以容纳住焦虑，可以不用发脾气或者禁止孩子的方式直接把无法承受的情绪扔出去，而是用更有建设性的方式与孩子交流，比如平等地与孩子沟通，真实地告诉孩子自己内心那些愤怒的、虚弱的或者无助的情绪时，孩子就有机会去理解父母内心爱的情感。否则，孩子为了避免被惩罚，行为上可能会有收敛，但同时也会收敛他的创造性。因为创造性和破坏性恰恰是一对孪生兄弟。

其实，对于孩子的成长，许多家长内心深处是有恐惧的。因为孩子的长大，也意味着他们要独立，要离开父母。当父母不断要求孩子这样那样时，其实也在向孩子传递一个信息："你不懂，我比你有经验，你要听我的。"这也意味着，父母在告诉孩子："你不能长大，因为你长大了，我就没有用了。"

在孩子青春期时，这尤其常见。孩子要在父母面前宣布"我长大了"，于是就开始干很多之前想都不会想的事情，他们会更愿意做些有破坏性的事情来挑战父母的权威。孩子的挑战，会唤起父母强烈的失控感，于是父母就拼命想将孩子拉回到他一两岁时那个离了自己就不能活、完全依赖自己的状态中去，于是两代人之间的"战争"就这么一步步升级了。如果父母有能力接受孩子终究会与自己分离，成为一个独立的有自己思想的人这个现实，父母对孩子的长大就不会有那么强烈的焦虑感，就会允许孩子独立，进而离开自己。孩子在这个过程中，能感受到父母对于自己长大的尊重，反倒就不会用那些破坏性的方式来向父母争取独立权了。

再回到前面那个老板的情况。也许，“人不能太看重钱”的确是他的人生观念，如果他只用这个标准去衡量他人，而不衡量自己，俨然别人全是为他服务的，他的需要就是评价对错的标准。这其实是自恋型人格很典型的特征，他们习惯将自己感受为世界的中心，所有人都应该为了他们的存在而存在，为他们而服务，所以对于剥削他人，他们有着非常堂而皇之的理由。对他来讲，那一番苦口婆心也可能是出于真心，他是真的希望自己这位干将不会被钱所牵制。但他却忽略了，这位干将是一个活生生有血有肉的人，为了生存，他会有各种各样现实性的需求，而钱就是满足这些需求的很重要的条件。

这就又涉及了自恋型人格的另一个特征，他们无法体验他人的情感、需要。因为他们在成长过程中，从来不敢相信这个世界上有谁是可以信任的并能满足他们的，于是他们就将自己放进了一个“我就像上帝一样全能，我不需要任何人，我完全能满足自己”的假象之中。他就像躲进了一个只属于他自己的世界，所以也无法理解这个世界之外的，他人的需求。

自恋型人格还有一个很典型的特征是缺少心理边界，所以很难感受“别人是别人，我是我”。他也很难在情感中真正意识到，别人也有别人的需要和权利。在他的幻想中，别人都是为了满足他的需要而存在的。所以，当那个老板在经营上有困难时，他的内心世界可能希望自己的困难由别人来承受。如果他不缺钱，他就不必承受经营不善带来的那些压力；但是，如果让他承认自己经营不善，那会让他非常痛苦，因为那与让他承认自己不好甚至是糟糕的没有什么区别，这是让他的自恋严重受创的一件事。但是，如果他能将自己对钱求而不得的挫败感投射给他的得力干将，那在他的感觉里，就像是解决了自己的困境一样。

所以当他苦口婆心时，某种程度上，其实也是他在感受别人不好而他自己是优越的，从而抵消缺钱带来的无能感。当他去劝解我那朋友时，其实也不过是在处理他自己的焦虑，但是用的却是伤害别人来满足自己的方式。

人格的特征有很多种，每种人格都会有它自己的一些特征性的关系模式。对于一些人格中含有偏执性的人来说，他们所感受到的世界是充满危险的，所以他们常常会将周围人感受为对他们是有伤害性的。而他们自己处理内心这些恐惧的方式，就是把内心的幻想投射出去，所以他们周围的人常常会在与他们交往过程中感受到被他们伤害，他们自己却没有感受到这些。他们往往会要求周围人按照他们期待的样子满足他们，否则在他们的世界里，他们就会将没满足他们的人感受为坏的、伤害他们的人。所以，他们常常试图改造周围的人，在他们的感觉里，这是为了人家好，他们是在帮人家变得更受欢迎。其实，人家会在他们的改造企图下变得很愤怒，进而完全不去满足他们。

人格中有被动攻击特质的人，他们常常会用一种看似谦卑的态度对人，但与他们交往的人，常常会在他们的语言、行为等方面感受到被攻击。他们在用一些听起来是关心的语言表达我是“为了你好”。可是透过他们的话语，周围人也常常会感受到，他们更深层的意思是“我对你这么好，你却让我失望，你是坏的”或者“我不能不帮你做这些，因为你很差劲，没有我的帮助，你肯定完不成”等表达攻击的内容。

至于边缘型人格障碍的人，因为他们内部的碎裂状态，所以没有能力形成对人对事完整的客观的感受能力。他们内心的好与坏是以当时对世界的感受为标准的，也许前一分钟他们还将面前这个人感受为天使，但下一刻马上就会变成恶魔。他们非常恐惧关系的丧失。当他们要“对你好”，有时会是让人非常痛苦的一件事。因为他们真正在做的，可能是严格地掌控你，或者严重地黏附于你，让你失去属于自己的自由。

你很委屈，但总有些缘由让你被嫌弃

我相信每个人身边都会有一些让自己苦不堪言的人，但让人更苦的是，这些人常常折磨别人而不自知。

他们会不断指责、抱怨周围的人对他们不够好，而且那些指责常常听起来很有道理，让被他责备的人心中有苦却说不出来哪里不对头。

实际上，那些责备者的内心，是坚信自己有权指责、抱怨的，他们也坚信自己是对的，尽管周围的人都感觉那个不对劲的人其实是他自己。

因为有时候，他们的世界就像与外界切断了，他们失去了看到这个世界真实状况的能力。

他们很难让自己站在别人的角度去感受，也无法思考为什么那个被嫌弃的人总是自己。他们只能感觉很难受，但是却无法洞悉那些难受是因何而起。

对于并不了解人的内心运作的人来说，去识别和区分这些让人难受的人是很不容易的。因为这些人往往会引用很多似是而非的东西，作为攻击他人的武器；而被攻击的人，因为对那些武器了解有限，所以往往也并不知道该如何拒绝，如何保护自己。

在临床中，最常见到的一种似是而非的用法，是共情。来访者往往把对理想化客体的期待投射给咨询师，期待咨询师是一个随时随地理解他、满足他的人，而且咨询师必须是他期待的那样完全满足他（实际上，咨询师一个很重要的任务是帮助来访者学会面对挫折性感受，而不是被满足），否则他就会认为咨询师没有和他共情。

当咨询师呈现出作为一个普通人的状态，有自己的喜怒哀乐，有属于自己的生活时，他会感觉到失控的愤怒。

当咨询师并不能在他什么都没有说的前提下就知道一切时，他会感觉咨询师无能，或是感受到被欺骗的愤怒。当咨询师并不满足他那些婴儿化的欲望时，他更会感觉到理想化客体破灭后的暴怒。

我们可以设想，在咨询师与他的这一对关系里，咨询师一定会感觉面对这个人时是很难受、很痛苦的，但这个来访者的内心也一定会承受着更加强烈的痛苦，而他更会相信，这些痛苦来自咨询师的状态，而不是由他自己造成的。

这就是咨询师要做的工作：承受他的失望、攻击，在相处的过程中，去理解他的行为模式，帮他区分这些痛苦的真正来源，在日积月累的相处中，改善这些行为模式。

但是，生活中的人却没有这个义务，也很难有这样的能力和空间去帮助谁改善。

所以，生活中遇上这样与世界脱节的人，会使双方都倍觉痛苦却又无可奈何，虽然双方都感觉哪里不对劲，但又无力去区分和改变。

通常，人格发展健康度越高的人会有更好的心理弹性去适应环境，与周围人的相处更容易，也更有生活、事业都获得成功的可能。

而那些人格严重受损的人，他们的生活、人际关系糟糕，适应社会困难，他们就像被卡在某个循环里，难以获得自由的人生。

而这种卡住的状态，其实每个人身上或多或少都有一些，但人格发展受损越严重，就越难以从卡住的状态中解放出来。

A 是一个位高权重的领导，很热心肠，大家聚餐时他往往是抢着买单的那一个。

他似乎很努力地照顾好每一个人，但别人在他面前常常会很不舒服。

他不知道的是，当他去照顾别人的时候，他内心更期待的是被感激，所以无意中会在照顾别人的同时也不断贬低别人。

当他很热心地告诉别人“你要这样要那样”的时候，对方感觉他在说的是“你真笨，看看我多有本事”。

当他不断为别人的苦恼出主意，而且强力迫使别人按他的方式去行动的时候，别人感受到的是“你不需要有自己的想法，我是全能的，你只要服从我就可以了”。

当他描述对某件事情的处理过程时，常在情感中不断流露出对别人的嘲讽和对自己的夸耀。

他是一个如此热心肠的人，渴望着用自己的付出获得认可、喜欢，或者成为一个别人眼中有能力的人。可最终的结果是，大家都不喜欢他。

在他的世界中，他动用了一个很原始的处理方式：分裂、投射。

他把自己无法耐受的“无能感”分裂出去，投射给身边的人，将身边人感受为需要他照顾的弱者，从而可以在热心照顾别人时感觉自己是有能力的。

而他的内在信条是，只要我有能力，就会被喜欢。

他的信条促使他得到了他所渴望的权位，可是他将“无能”投射给别人，进而在情感中贬低别人从而获得能力感的方式，却让他成了一个不受欢迎的人。

B 是一个会让周围人痛不欲生的人。他成长中有非常多糟糕的经历，他的父母都存在一些精神病理性问题，对待他的方式充满了控制、羞辱、虐待、掠夺等等。所以，他从小生长在一个畸形的环境中，这让他从小就很难有机会去感受和识别人与人之间真正善意的相处是怎么样的，他从父母那里学习到了很多对他人具有攻击和伤害的相处方式。

他的困难在于，他在与父母的相处中可以感受到自己被伤害，他知道自己被对待的方式是错误的，但他却无意识地与父母采用了相同的方式。

因为早年被伤害的经历，他发展出了一套完整的应对策略，比如快速检测和识别别人可能对他的伤害，并在对方还没有做什么的时候就已经做好了还击的准备。

他的高敏感保护他远离被伤害的危险，同时也给他带来了一个很大的困扰：他常常会因为被伤害的恐惧而快速攻击周围的人，即便有时他是被身边人很善意对待的；他因为无法相信在自己预设方式之外的不同，别人的方式统统被他感受为危险。

这样一来，他只能相信自己，除了他自己以外，别人对他来说都是危险的，是他需要首先发动进攻的。

同时，他也在努力让自己做一个和善的人，因为他不想像父母那样一辈子被周围人躲着。

但事实上，他对别人发动的毫无征兆的进攻，已经使他周围的人对他能躲多远就躲多远了。

他无法理解这一切是怎么发生的，在他的内心，他一直知道自己是被伤害的那个人。但是他从来没有想过，他也在用父母伤害他的方式伤害着周围人。

C 是在万千宠爱之下长大的宠儿。在他成长的那个物资匮乏的年代，他作为家里最小的孩子，得到的照顾却是很充分的。每当他看到哥哥姐姐们承担着大量的劳作来帮父母分担压力，而只有他可以不必承担工作还会被充分满足，他便对哥哥姐姐们逐渐产生了很强烈的内疚感。

为了缓解他的内疚，他慢慢发展出了一个很重要的应对方式：

否认。在自己的心灵内部，在情感中否认自己获得的一切，也否认哥哥姐姐所承受的苦。

他将这样的方式带到了成年。他的事业发展得很好，这可能恰是得益于他成长中得到过的被满足。但是在人际关系里，他却延续了否认的方式。

他会否认别人给予他的帮助，否认自己对别人是有需要的，否认自己也需要在关系中有所付出，等等。

他的方式给他带来很多苦恼：一方面他很难在关系中感受到被帮助，感受到来自他人的善意（被否认了），这让他又委屈又孤独；另一方面，因为他否认别人而得不到满足时同样会有痛苦体验，所以他也会将从别人那里获得帮助感受为理所当然，而如果别人有需要帮助时，他很难忍受，会感受为被别人伤害。

所以，在人际关系里，他有很多不被满足的体验，但并不知道问题出在了哪里。

D 因为成长中一直被忽略，所以他成年后在人际关系里一直很想逃离，常常要隐藏起自己，不让自己被看见，这让他的朋友和伴侣常常抓狂。因为就算是与 D 面对面坐在一起，也常常会感受到与他有“地球到火星”那么远的距离。

E 讨好身边的每一个人，但是周围人都觉得与他在一起很不舒服。因为那个讨好实际上让周围人感受到的是自己被 E 当成坏人戒备着。

F 看起来很热情，周围人常常很快就能与他变得很熟络，但随着关系的深入，慢慢就会与他拉开一些距离。因为他的熟络让人感觉那么不真实，他看似谦虚却总会被感受到一些虚假。

他生长于一个家境优渥的环境，他有一个财商、情商都“无敌”的父亲。这让他既有高于小伙伴的优越感，又有一直无法摆脱父亲强大影响的阴影。

所以，他既要求自己用谦虚防御自己的优越感，从而防止失去他的小伙伴，同时又要在依赖父亲和超越父亲的冲突中努力寻找平衡。这也就造成了他在高傲与自卑之间的动荡。

还有 G，还有 H，还有 I……

所以，每个人都是有缺损的圆。不管我们生长于什么样的环境，都无法避免自己的缺损。

所谓的成长，就是在不断长大的过程中，逐渐看到自己的缺损，慢慢找回自己缺失的部分。

到哪里去找那个“全好”的人?

一位姑娘（我估计是位姑娘，当然也有可能更年长些）在我的某篇专栏文章下专门留言，告诉我已经对我“取关”（取消关注），同时表达了对我文章某些观点的愤怒。我回复她说：“谢谢你的取关。大家都很忙，把时间花在值得的地方是明智的。”

我不知她看到这个回复会不会认为我是在与她怄气，但在我看来，不管出于什么原因，如果她能放弃她并不喜欢的东西，那是一件很好的事情。因为那也意味着她遵照自己的内心做出了选择。对于我来说，写文字的目的并不是要吸引粉丝，而是希望能普及一些心理知识。因而对于关注或不关注这件事，我并不在意，我只是在做一些想做的事情，反倒没有那么多精力打理诸多的情感投射。或者说，每个人其实并不是在为别人活着，做事情的出发点不应该放在别人的好与恶中。所以，当她说“我不想再关注你”时，其实是从情感纠缠里释放了我们两个人，会让我们都比较轻松些。

当然，她文字中的怒气也让我知道，她的放弃也在表达着她对我的强烈不满，所以她的放弃并不轻松，而专门留言给我，也就有了一些威胁的味道：你不好，我就不要你了！

“你不好，我就不要你了”，多么熟悉的句子，多少人在成长过程中曾听到过这句话？在中国的传统文化中，有着“父为子纲”的传统；在现代社会中，父母在养育孩子的过程中又有多少信奉着“我为你纲”的原则？所以，对很多父母来说，孩子听话成为养育成功的一个重要标准。但他们却不知道，孩子听话的背后损失了多少自主性、创造性，而这个损失，会直接影响到他将来在社会中的发展，会限制他社会能力的发挥。

在“我为你纲”下长大的孩子，他们的内部空间变得狭窄，缺少必要的多元视角、接纳不同的能力和理解事物的灵活度。他们对世界的理解往往是非黑即白的，这就会让他们陷在要么对、要么错的单选题里。一旦面对世界的多样性，他们就会变得要么愤怒、要么退缩，因为他们无力在内心中处理如此复杂的存在，而这就会让他们失去对于感受幸福非常重要的一项能力：心态平和。

这些孩子长大后，可能同样会“以自己为纲”，他们既会要求自己的子女服从自己，也渴望世界如自己所期望的样子，即要求别人服从自己的想法，否则就会极度焦虑乃至愤怒。但不是每个人都有机会拥有至高无上的权力，真的能得到“顺我者昌，逆我者亡”的境遇，所以受挫就会成为常态。有些人受挫后开始反思自己，开始慢慢放弃“你跟我一样才是好的”的信条，慢慢接受世界的多元性，那他的生活就会获得改善；如果他一直生活在“你竟然有这样

（跟我不一样）的想法”中，他就会时时感受到来自外界的挫败，自然也就无法与外界建立起安全和信任的关系。

生活在“你不好，我就不要你了”威胁下的孩子，内心是充满恐惧的，他们既害怕因为自己不能让父母满意而遭到抛弃，又害怕因为想发展自己的独立性而被惩罚。长大后，他们在工作中也可能成为一个既渴望被看到、被满足又不敢表达自己真实需要的人，于是周围没有人知道他们内心渴望着什么，也就无从去满足他们。

当他们感觉不被满足的时候，他们就会认为周围的人都对他们不好，甚至是对他们充满迫害的。愤怒之下，他们的敌意又带领他们进入与他人关系的紧张之中，于是他们会更加感觉到关系中的危险。为了缓解内心这些冲突的体验，他们会发展出各种内在处理方式来帮助自己轻松一些：在要求别人顺从自己的同时，他们也会期待别人是完美的，因为如果别人如自己期待的一般完美，可以刚刚好地满足他们，甚至都不会等他说什么，那个满足就自动来到他们的面前，这就不会有那么多的冲突和痛苦体验。

这种对身边人（成长中的重要客体）完美的期待，我们在生活中常常可以见到。当某个领域的专家或者某些公众人物讲了什么话时，就会收到来自方方面面的强烈攻击，这个攻击甚至会波及讲话者的私生活。

攻击的背后，其实是强烈的期待：你是专家，你是公众人物，你一定要完美，这样我才觉得安全；如果你都不完美，我害怕自己会更加糟糕。但是，再完美的讲话也禁不起亿万人的期待与推敲。因为推敲的人在听那些话时，已经加进了自己的主观经验。也就是说，每个人听到的话，其实都是经过自己的经验、期待、幻想等处理过的，是我们“以为那个专家在说这个”。

对于人格相对健康的人，因为加入自己的投射相对少，所以听到的话相对客观；而自身因为有足够的安全感，所以想去影响讲话者的冲动相对少（允许他有自己的想法，让他成为他自己），在听到一些与自己观点相左的话时，相对也可以平和面对。对于人格健康度相对低的人，因为在对方的话里投射进的自己内部非客观的或伤害性的东西多，感受到的不满意也多，想去施加影响从而保证自己感觉安全的愿望也相对多（“我为你纲”），所以也就不那么容易平和对待了。

面对一个让我们感觉不满意的坏客体（客体：那些唤醒我们情感体验的人），个体可能会动用各种方式去缓解那个坏的体验。这些处理方式在每个人内心都会有运作，但是，当某些人动用极端的运作，甚至脱离现实的运作时，这些运作方式就有可能是病态的。

吞噬对方，然后获得控制感。极度依赖的人常常会发生这种状况，他们就像一个婴儿一样缠着对方，期望对方时时刻刻与自己在一起，满足自己的需要，给自己提供照顾，知道对方的所有行踪，留下对方的所有联系方式，恨不得每分钟都与对方保持着联系。这是一种让人窒息的关系，他们之所以用如此黏滞的方式建立关系，是因为内心有极度的恐惧，恐惧被伤害、被抛弃。他们恨不得把对方完全吞到肚子里，这样就可以控制对方的行踪，控制对方成为自己想要的样子。但是，他们这样做的结果，往往是让对方不堪重负，不得不离他而去。

用愤怒来寻找关系的满足。有些人当他们感觉对方不像自己期待得那么让自己满意时，就会变得暴怒。他们会责备对方不够好，会抱怨对方没有给予自己想要的情感满足。当他们试图用责备将对方改造得更好时，却没有意识到，愤怒是无法唤醒爱的。他的愤怒如果没有将对方也推入暴怒里，就已经是很幸运的事情了；而他所渴望的爱，很可能已经被他的愤怒摧毁了。

用分裂的方式来远离现实性体验。分裂是婴儿早期发展出的一个处理坏体验的方式。他将满足自己的体验感觉为好的，带来好的体验的人就是好的客体；将坏的部分放到坏客体身上（将坏投射出去），这样就可以保证将好的体验留给自己和那个对他无比重要的照顾者。

比如一个孩子看到父母冲突时，他往往会将自己感觉为坏的，认为是因为自己不好，父母才会起冲突。因为如果是自己不好，他是可控的，他只要让自己变好就可以；但如果是父母不好，他赖以生存的空间就会受到威胁。人一生都会用到分裂的方式，将好和坏归到不同的人身上，但是过度动用分裂和投射的方式，就会进入偏执状态。而一个偏执的人，往往是让人避而远之的。

用否认的方式制造虚假的美好。否认也是在生命早期就发展出的一种防御方式。否认的意思是说，拒绝承认负性体验的存在。当一个人用一种“假装没有”的方式来避免体验到曾经的伤害时，那些伤害感其实一点儿都没减少，它每天都在生活中影响着他对人对事的理解。

其实这种暗流中的影响可能会更糟糕。因为这种不曾被面对的痛苦会弥漫在他的生活中，让他被其钳制而又不能做出反抗。

当然，个体还可能动用其他的方式来制造那个“全好”的人：投射性认同、理想化、全能控制等等。所有的这些努力其实都有可能将他的生活变得更糟糕。因为这个“全好”在现实生活里并不存在，所有的“只留下好”的努力，都会在现实的检验中一次次受挫。

一个人格健康的人需要发展出现实的理解世界的能力：这个世界上有好，有坏，有既好也坏，而这些好与坏是在相同的时空中共存的。当我们越有能力接受坏的存在这个现实时，我们也就越能接受自己身体里好与坏的共存。当我们越接受自己时，接受他人的能力也就越强。接受得越多，我们的生命也就越轻松、越自由。

控制欲从何而来？

“十分心理”微信公众号曾推送过一篇《女护士对男友“注射死”的警钟》的文章，当时有网友留言问：“非凡的控制欲从何而来？”

因为我没有关注过那篇报道，也不了解这对当事恋人现实中的状况，所以，也无从有针对性地去理解当事人的控制欲望。但是“控制”这件事，在我们生活中却无时无刻不在发生。

控制，其实是我们人类内心一种重要的调节和平衡机制，用来应对失控感，缓解对危险的恐惧。从广义上讲，人类一生中会发展出千姿百态的控制方式用来管理自己的内在世界，从而管理自己的行为，或是管理与他人的关系。

婴儿最早动用的一个控制方式，大概就要算大家现在越来越熟悉的一个概念——投射。

婴儿用投射的方式把因为出生而体验到的身体的种种不舒服，

比如饥饿、寒冷等，都感受为来自外部的伤害，从而就将自己与来自自己内部的不舒服体验分离开来：伤害来自外面，而我自己是好的、安全的。

动用投射的一个非常重要的目标是让自己可以远离危险的体验，从而保证自己不被太强烈的伤害恐惧所湮没。

后来在投射的基础上又演化出各种各样的防御机制来保护个体的安全体验。

这各种各样的防御方式也就组合成了各种各样的控制体系：外显的、内隐的，强硬的、弱势的，指向自身的、指向他人的，用爱控制、用恨控制，用给予控制、用索取控制，等等。

那篇文章对杀人的女护士有这样的描述：“在婚房装修、送嫁妆买车事情之中，‘必须完全按照自己的意思来’，态度之强势，遍布她的很多行为：翻看男友手机，对男友‘婚期推迟后还过得挺滋润’暴怒……”

从对她的简短描述中，我们可以看到她对男友强烈的控制欲望，这种欲望已经强烈到病态。

而在这强烈的控制欲背后，我们也可以隐约感受到她内心强烈的不安：她内心没有一点点容纳不同、失控的能力，当她的世界中出现与她的预期不同的情况时，她会暴怒，会用施虐的方式试图控制事情的走向。

她的世界里缺少人生中非常重要的能力：与不确定性共处的包容的能力。而这种能力的缺失，往往来自两种情况：过度剥夺或者过度满足。

被过度剥夺的人，他的内心世界一直处在被伤害的体验中，无法对他人建立起信任，无法相信这个世界上有“爱”这样一种情感存在。

他可能会将周围的所有人感受为敌人，而他自己就像是一头愤怒的困兽，时刻处于戒备状态，准备进入战斗。

只有当别人顺从自己时，才会感觉到片刻的安宁，然后准备进入下一场战斗。

被过度满足的人会一直处于一个虚幻的世界中，当然被过度满足实际上是另一种形式的剥夺：剥夺了他与现实接触的机会。

这些剥夺也让他失去了体验失望的机会，而没有失望的推动，一个人是难以发展出耐受失望、解决问题、适应现实的能力的，也就难以长大。

他将自己感觉为世界的核心：别人理所当然是为了我的存在而存在，别人应该为我服务。

而当他看到别人作为一个独立的个体有着自己的独立思想、行为时，他的自恋式幻想就会被冲击。这会让他突然感觉自己在那个人面前不再是世界的核心，于是他可能就会用暴怒的方式试图挽回幻想中自己的权力。

若要想搞明白一个人的控制欲从何而来，首先要区分出控制的行为。**每种控制行为的背后，都有成长过程中抵抗各种糟糕体验的努力。**

文章中女护士的那种强势控制是容易被看到的，在日常生活中，也会有人用“弱势”来完成控制。比如，有时他们会对别人唯唯诺诺，一旦有冲突的风吹草动，就会先检讨自己，让别人对他总是充满了歉疚，总是担心会伤害他，于是就会尽量避免批评他，对他保持友好。

当他成功地引发了别人的内疚体验时，他就很可能已经用他的“弱”完成了控制的过程。

有些人让自己超能，让别人感觉到（这很重要，因为现实中可能完全不是这样的，所以要努力向对方灌输这样的感觉）离开了他就没办法生活，这在父母与子女的关系中较为常见。

比如尚未完成分化的父母常挂在嘴边的“我们为了你……”，这是对孩子非常有杀伤力的一句话，它会将孩子推入内疚之中。

在内疚的控制之下，孩子不管内心多么不舒服，也会按照父母的期待去行动，而这也就可能会扼杀掉孩子的自主和自尊。对于父母来讲，却可以保住掌控权和避免因为孩子的逐渐独立而不得不与孩子分离。

在坊间有一句流传甚广的话，“要抓住老公的心，先要抓住老公的胃”，其间也充满了这样的味道：我是最棒的，离开了我，你就会痛苦。

其实，如果没有情感作为基础，就算是抓住老公十个胃，恐怕该来的还是会来。

还有些人会让自己无能：我什么都做不了，所以你得照顾我。他们因为种种，放弃了自己原本可能具有的能力，也许是因为对养育者的愤怒：你欠我的，所以现在你得照顾我，你要还给我。也可能是因为无法管束的贪婪（这是人性，每个人身上都有，是需要逐渐修通的）：你有那么多好东西，应该多给我一些。也可能是对贪婪的抗拒：我是不成功的，我什么都没有，所以我没有拿走你的好东西。也可能是因为恐惧：如果我有能力，我成功了，就会失去我原本拥有的一些东西。

也可能是出于忠诚与爱：如果我生病了，爸爸妈妈就不会吵架离婚了。

所以，当一个人让自己变得无能时，实际上他很可能是在通过牺牲自己来控制关系的走向。

控制的方式还有很多种，有人用贬低他人的方式让别人臣服于自己；有人用不断理想化他人的方式来将好的部分保存在别人身上，保证自己可以获得一个可信任的依赖者，从而防御自己受到的攻击；有人用逃离关系的方式来避免在关系中感受到伤害；也有人用拒绝让别人看到自己的方式来避免别人掌控自己；有人用不断给予的方式来控制对方成为自己的附庸；也有人用不断索取的方式来保持着伤害性的联结，避免关系的断裂；有人努力去控制他人，幻想只有把对方改造成自己想要的样子才安全；也有人努力去控制自己做一个对的、好的人，从而让别人无法对自己挑剔、伤害；等等。

这些控制方式的习得，有可能受到了创伤体验的塑造。比如一个从小被忽略的孩子，他可能学会退回到自己的世界中，将自己感受为这个世界的王，而不需要任何人，一切都由他说了算；当他带着这个幻想进入与别人的关系中时，就成为一个用病理性自恋控制他人的人。

或者是在成长的过程中，因为自己的弱小曾体验过很多被伤害的痛苦，于是他在成长中慢慢吸收伤害他的人身上的一些特质，也成了伤害他的人的那种样子（认同），会对弱者实行施虐性的控制。

或者仅仅是因恐惧被伤害而让自己时时处在防备的、战斗的状态，用控制他人的方式来保护自己的地盘不被侵犯，无形中却伤害了别人。

其实，所有的控制都指向了同一个目标：保护自己。

当然，很多时候，我们习得的这些保护方式并不具有保护性。老话说“世情薄，人心恶”，这是有些道理的。当环境给人提供的安全体验不足时，人们往往就会发展出各种戒备与战斗的方式来防止被伤害的体验发生，同时也为自己争取更多维持生存的可能。

人内心只有建立起充分的安全感，才有可能放弃对控制的需要；也只有人内心普遍存在信任的能力，社会的基本安全感才能普遍存在。社会的基本安全感存在，诚信、利他等社会需求才有生存的土壤，而这些又可以反过来促进我们人类建立内心的安全感。

拥抱内心的婴儿

我们每个人内心都有一个等待被看到、被听到、被理解、被接纳、被承认的婴儿，那是我们成长中受阻的部分。这个世界上，没有哪个人的成长会那么顺利。**我们每个人的内心都残留着不成熟的部分，**我们每个人的人格中都有健康的部分和不健康的部分存在，精神病性的部分和成熟的部分比邻而居。而这个精神病性的部分就会呈现出一些婴儿期的状态——因为某种阻力的影响，原始的防御和行为方式，一直没有发展到成年人的成熟状态。

在我的工作中，有时我与我的来访者谈到他们那些非现实性的期待，他们会突然感觉到很害羞，也有的会因为羞耻感而突然暴怒。他们会很急切地问我："你是说，我就是个'巨婴'吗？"

关于"巨婴"，我并不知道该如何定义。如果一定要给它一个明确概括的话，那应该是一种病理性自恋状态吧。

对于一个成年人来说，如果他一直如婴儿般等待无条件被满足，甚至期待自己什么努力都不用付出就会得到无条件的崇拜、仰望等，那他一定会是痛苦的。因为他的这些期待肯定会被现实一次次挫败。他周围的人也会是痛苦的，因为他会强迫周围人满足他。如果他无法得到自己所期待的满足，就会用各种各样的方式向周围的人施加压力，比如通过责备对方让对方内疚、用暴怒控制对方、用自我伤害来攻击对方等等。谁在被这样对待时会舒服呢？除非这个人真的有非常强烈的受虐需要。

这并不是说这个人应该是理所当然被批判的，他有他自己的身不由己。他给周围人带来了痛苦，的确是需要学习更健康的方式并改善自己。但是，他也需要在与他人的交往中被承认，他自己也因此承受着巨大的痛苦，而且他自己深陷其中、无法自救。

当一个人愿意思考，愿意为改善自己而做出努力时，这个人是可敬的。不管他在过去曾经制造过多少痛苦，**他至少是有承认自己对他人的伤害的能力的，他只要承认自己要为那些痛苦承担一部分责任，他就有改变的可能**。最可怕的是那种一直在把痛苦施加给别人而自己毫无反思能力的人，与他们共同生活的人，要么是勇士，要么会牺牲。

如果这些“勇士”或“牺牲者”是那个糟糕者的儿女呢？会是怎样的状况？

他们的成长一定会很艰难。他们很难作为一个独立的个体，作为一个“人”而被尊重。他们的内心会有一个哭泣的婴儿，如果这个内在的婴儿不曾被照顾，就可能会持续一生影响这个人的生命状态。

要么他们柔弱无助，因为害怕再度被伤害而退缩在自己的小世界里，不敢期待，不敢依恋。他们注定会时时感受到孤独和无助，却不敢奢望会被真正地宠爱。在成人之后的人际关系里，他们也许讨好，也许被动攻击，也许缺乏信任的能力，也许一直对人冷冰冰……

要么他们内心充满了愤怒，视一些权力拥有者为迫害者。他们为了保护自己，让自己高度警觉，时刻提防着当权者的伤害。哪怕有一点儿风吹草动，就马上启动自己的防御“工事”：相比于感受到对方的关心与关怀，他们更容易将对方的行为感受为针对自己的敌意，所以他们与对方的关系会变得越来越紧张。

要么他们内在世界很混乱，无从分辨自己的权利是什么，有什么样的能力，是怎样一个人。这种无从分辨，让他们在人际关系中变得很无措：不知道怎么判断是对方伤害了自己还是自己的行为需要改善；不知道当对方伤害自己的时候，自己有没有权利拒绝；不知道自己那些被伤害的感觉到底是来自真实的伤害，还是因为自己的感觉出了问题……

他们所有的这些难以适应，其实就是他们内心那个无法长大的婴儿在驱使，即便他们也成了父母，渐渐老去。如果他们一直没有得到过有效的帮助，他们的这些婴儿部分，并不能随着年纪的增长而成熟起来。如果他们并不能够反思自己的生活，也会因为这些不成熟的部分而再度制造自己儿女成长中的困难。

这并不是说，父母要为儿女的成长负全部责任。我们每一个人都有自己的创伤，即婴儿部分。我们去修复那些创伤，也许要花上一辈子的时间，而且还有可能一辈子也没有办法完全修复。所以，每一个人都无法避免，成为父母后会给孩子带来的伤害性体验。

也许，当他们年老时再回忆、反思，会发现自己做错了太多的事情，很后悔当年为什么会那样做。但历史就是历史，发生了就无法再改写，所以，养育儿女注定是一个充满遗憾的过程。

而对于孩子来说，他们只能带着这些痛苦的部分慢慢长大，在长大的过程中帮助自己逐渐修复，在修复的过程中也会不断经历新的考验。

每一个婴儿长大的过程，也是不断对创伤进行修复的过程；修复的过程，就是一个人成长的过程。所以，这里有两个消息：坏消息是，我们谁都逃不过痛苦的降临，一辈子都会与各种旧的、新的痛苦体验为伍，它们无法被完全避免，我们只能努力增加自己与它们相处的能力；好消息是，如果我们自己愿意努力，一切都可以改变，尽管我们曾经经历过非常糟糕的成长过程，但是我们依然有机会改善一切，过上更好的生活。

改善的第一步，是承认自己的所有感受是真实的存在。只有我们承认它们的存在时，我们才有机会倾听它们的诉求，才知道它们在向我们寻求什么。

但这第一步是非常难做到的，因为我们每个人在成长过程中，遭遇那些痛苦体验时，总是试图寻找一些途径来让自己感受到的痛苦少一些，这样才能帮助自己拥有努力活下去的勇气。哪个孩子长大的过程不是在情感的世界中九死一生呢？这么艰难地活下来，找到一些保护自己的盾牌是最可能的方式。

每个人所使用的盾牌（防御机制）是不一样的，有的人可能发展出超强的理性思维功能，凡事理性，凡事思考，这样，他就不必让自己去感受自己的情感诉求。当他可以为每件事情都找出一个解释的时候，就不必去理会心里正在浮起的愤怒、委屈等。

有的人凡事愤怒，反正只要有错就是别人的错，这样他就可以帮助自己站立在情绪掌控的制高点，让别人找不到机会指出他自己的错，这样他在感觉上就可以是安全的。但真实的情况却可能是，由于他害怕自己犯错，所以再也没有从错误中学习，反倒成了一个真正低能的人。

有的人凡事恐惧，只要能息事宁人，避免冲突，哪怕牺牲自己的利益也在所不惜。他以为收获了和平，其实是他对任何人都没有真正的信任，所以他也没有能力真正建立起安全、亲密的关系。

总之，每个人都会有自己一套独特的情感处理系统，导致他与自己的真实情感世界产生了断层。所以我们要改善自己的内在世界，就要重新找回这些存在于自己内心的真实情感。

当年这些情感被驱逐出自己的感受，一定是有原因的（心理动力），所以现在要把它们找回来，也需要找到那个原因所在。很多人误解这个原因就是察看历史，以为只要知道当年发生了什么事情就可以获得改善。这样的期待背后，其实还是渴望能找到一个人为自己的一切负责，这样自己就不必那么艰难去寻找改变了，只要这个负责人做出改变就可以了。

只是，我们的人生中并不真的存在这样一个负责人，如果有，也只能是我们自己。不管过去发生了什么事情，我们都不能回到过去阻止那些事情的发生了。但是我们可以立足于现在，改善现在那些无法适应现实生活的部分，使今后的生活变得更好。

所以，我们要寻找的原因是，是什么驱逐了那些不被允许存在的感受。只有当我们可以了解自己为了帮助自己感觉好一些一直在做着怎样的努力，而这些曾经也许有效的努力现在又是怎样影响着我们的生活，我们才有机会逐渐了解自己的生命是被怎样的过程推动着。

我们内心的每种情绪都对自己起着某种保护作用，当然，不恰当地运用也会破坏我们的生命状态。比如愤怒可以带领我们远离伤害，但是失去管理的愤怒也会造成与他人的冲突；比如悲伤可以与我们丧失的爱的客体保持联结，但长久而超量的悲伤也可能形成抑郁，让我们生活品质大打折扣；等等。

所以，我们要找回失去的情感联结，就需要有勇气允许我们害怕的那些感受出现在我们的感受世界中，学会去理解它们，接受它们的真实存在。

有的人很害怕人际冲突，从而禁止自己愤怒，但是愤怒本身只是我们的一种情绪性感受，只有失去管理的愤怒，只有因为愤怒而产生的攻击性行为才是具有破坏性的。我们需要管理的是自己的破坏性行为，而不是禁止自己真实的情绪。也许，当你下次禁止自己愤怒的时候，可以试着让自己去抱抱内心的那个婴儿，试着去倾听他关于被伤害的恐惧。你的愤怒是在提醒你，你心中的那个婴儿正在呼唤被保护。

也许这时你可以帮助那个婴儿得到一个确认：你现在已经不再

是一个柔弱的、随时被危险威胁着的孩子，你现在已经有能力保护自己，帮助自己。你可以试着说出你的愤怒，用你的语言去拒绝对方对你伤害的意图，但不一定要用冲突的方式表达你的愤怒。

有的人对于爱与依恋的需要会感觉很羞耻，尤其是成长中曾经感受过在情感中被拒绝的人或曾经历过虐待的人，他们担心自己如果对别人有爱的需要，就会再度被羞辱。但你现在已经长大，你所遇上的每一个人也不都是像你经历过的人那样具有伤害性。能够帮助你在人际关系中重建爱的体验的方式，不是逃避，而是新的、不断的尝试。

只有当你在生命的历程中，重新积累起足够多的不同经验时，你才会有更多的勇气去尝试建立爱的关系。当然，并不是每一个人都有能力给予你爱的、抱持的关系。那就尽量与人格健康的人，至少是善良的人在一起，试着远离那些靠“吸食别人”用自恋来满足自己的人（比如那些将自己装饰成“教主”一般的人物，需要被膜拜的人），远离那些以伤害他人为傲的人。建立在伤害他人基础上的力量感并不足取，真正有力量的人，可能正相反，他们是有能力承认人的有限与无力的人，他们也才有可能尊重他人的柔弱，在人性中充满关怀。

如果你无从判断对方到底是不是安全、健康的人，那也可以在你有爱的需要时，给自己多一些尝试的机会，去抱一抱内心的婴儿，去告诉他：“我们人类就是这样的一种存在，我们都需要别人才能生存下来。爱与需要他人并不是一件可耻的事，只是有时候我没有遇上对的人，但那不代表我们有了错的需要。”

有的人在关系中充满了不确定感，无法信任对方是愿意全心全意接纳自己的人，有时候这无法信任会让对方非常伤心，会直接破坏彼此的关系。当你再度浮起这样的恐惧时，可以去抱抱内心的那个婴儿，告诉他：你知道他恐惧被再度伤害，知道他在努力保护着自己的安全，但是现在你也有能力给他一些保护，也请他放心给你一些机会做一些新尝试。甚至你也可以告诉你所爱的人你内心的这些恐惧，这样你们就可以一起去拥抱、保护那个恐惧的婴儿。

不管怎样，不管我们经历了怎样的人生，不管我们已经长到多大的年纪，只要我们不曾放弃自己，愿意努力让自己的未来生活得更好一点儿，我们总是有机会去试试的。如果我们生命中幸运地遇上了一个真正有爱的能力的人，不管他是我们的亲人、朋友，还是治疗师，那我们就有更多的机会获得成长与修复。通过他人的见证，我们内在世界的伤痛容易被看到、被承认，我们的情感容易被抱持、被呵护。那些来自他人源源不断的爱的滋养，是不可或缺，也无法替代的。我们心中的婴儿，也需要来自他人的爱的拥抱。

放弃抱怨，并不是否认曾经被伤害的经历，

而是承认和接受那些伤害已经发生，

并且不被它们缚住手脚。

原生家庭对一个人的影响的确是巨大的，但不是绝对和唯一的。在我们的人生中，有多种变量可以影响我们自己的生命状态。如果我们的原生家庭无法选择，如果我们生存的环境不能凭我们的意愿改变，那么我们至少还有可以做点儿什么的部分——我们自己。

3

PART

以现在为起点，尝试改写你的人生状态

修复的第一步　　承认

佛家说，人生来就是受苦的。为了减少苦，人生是一个不断修行的过程。克莱因客体关系的观点与此有相通之处。按照克莱因的观点，人生就是一个不断修复早年创伤的过程。所谓成长，就是不断修复痛苦体验，发展爱的能力。从这个角度看，人生也的确是一个不断修行的过程。

常常有人留言给我：“你说的这些道理我都懂，可是我还是无法改变我的人生。你能不能告诉我一个改变的办法？”

我很肯定地告诉他：“我给不了。”为什么呢？

因为一个人内心的改变并不来自他懂得了多少道理，而是来自他对生命的理解发生了改变，对己对人的情感态度发生了改变，而这个改变，往往是从看到生命过往中曾经发生的一切，理解这一切对自己的影响开始的。如果只是按照道理和方法去改变，不能说一点儿用处没有，只是搞不好，这些道理反而成了一个强悍的超我型统治者，增加了冲突和痛苦。

有人会说："我早就看到了呀。都是我早年的经历，我能没有看到过吗？"

是的，我们往往可以从某一个角度对事物有深入的看法和感受，但是由于角度不同，对于相同的事物、共同的经历，每个人的感受和理解却非常不同。

而我们都倾向于以自己的经验作为考量事物的标准，这就难免让自己的感受失于偏颇。

或者说，虽然在我们的世界里，自己的理解和感受是非常真实的，但是一旦放入更广阔的背景中，一旦加入其他的元素，可能又是非常脱离现实的。

所以很多时候，我们是难以真正清晰地"看到"的，也正因为这样，人与人之间的交流就变得非常重要，因为交流使彼此"看到"成为可能。

在心理咨询中，我常给来访者讲到一个例子："现在，假如我手里有一个苹果，你从你那里看，发现它是红色的；而我从我这里看，它是绿色的。如果我们现在起了争执，你说苹果是红的，我说苹果是绿的，那我们说的其实都是对的。"

感到痛苦很多时候就是因为我们坚信自己看到的是真相，而别人与自己的不同，这会让我们感觉不被理解和承认。

被重要的人拒绝，是我们生命中非常痛苦的经历，而让我们痛苦的人，也许本意并不是想伤害我们。

也许他们只想让我们知道真相，而他们传递的真相实际上让我们感受到的，却是伤害。

我曾目睹过一个家庭中两代人之间的冲突。女儿跟母亲谈到自己小时候因为母亲的疏忽而感到的痛苦，母亲一下子就暴怒了，对着女儿大发雷霆：“我一辈子为你操碎了心，到头来你只会怪我这里做得也不好，那里做得也不对。想想我这一辈子真冤，你嫌我没有给你爱，可是谁给过我呀！”

女儿哭得泣不成声：“可是，这些年，这就是我最痛苦的地方！”

对于一位没有得到过爱又试图向女儿付出爱的母亲来讲，她接受女儿这些话的确是有些困难的，因为她的委屈和无助需要被看到；同时她的暴怒无异于否认了女儿的痛苦，而这样的否认，更增加了女儿的痛苦体验。

对于这对母女来讲，她们缺少的就是同时看到苹果既有红色又有绿色的能力。

在她们的世界中，如果你有道理，就意味着我做错了；如果我是有道理的，你就不应该痛苦。

所以，母亲内心就会缺少允许女儿表达痛苦的能力。

而女儿的内心，也缺少了意识到母亲也并不完美的能力。

正是这些缺少，让她们都没有办法意识到**对方的痛苦是一种真实的存在，而对方有痛苦，也并不意味着自己的痛苦是要被掩盖的。**

只有当她们的痛苦都得到承认时，她们才有可能放弃说服对方的冲动，才有可能真正将情感放到修复自己的工作上来。

我还记得很多年前与我一起工作的一个女孩，她在亲密关系中出现了很大的困难。她很怕自己交往的男孩子比自己能力强，因为她的成长经验中，比她强的人会歧视她、伤害她。

所以她与男性或权威的关系中，充满了战斗的气息。

直到有一天她生了一场重病，但是她没有取消那天的访谈，而是如约来到咨询室里。蜷缩在沙发里的她，有气无力的。我问她这么痛苦，为什么没有取消我们的见面，她不断向我控诉她的男友在她生病后一点儿都不肯给她照顾。

我看着她痛苦的样子，问她："你的痛苦他是看不到的，从小到大，都没有人看到过你的痛苦，那今天你这么难受还坚持来到我这里，你的痛苦希望被我看到吗？"

她很伤心地哭了。

从那天开始，她不再与我保持战斗关系，而是慢慢开始发展出对我的依恋。

其实很多年以来，她一直呈现给周围人的都是一副强大无比的样子，不仅她周围人很难感受到她对被照顾的需要，她自己也不允许自己需要别人。

当她否认自己对别人的需要时，她也只能否认自己的痛苦是一种真实的存在。

一直到她实在撑不住了，相信我看到了她的痛苦，而且她也并不会因为痛苦被看到而被伤害时，才开始一点点承认自己对他人的需要。

当她有能力承认这些的时候，她与男友的关系也开始逐渐得到了改善。

对我们人类来讲，“不看到”（否认、压抑、合理化等防御方式）可以在某些时期保护我们远离伤害性体验，但随着生命时期的变化，有时候这些保护会失效，甚至会阻碍我们享受生活。

有些痛苦恰恰来自我们没有及时调整和发展更加适应当下的保护方式，过去的、不适应的方式就会因其僵化而成为一种阻碍或伤害。

如果我们要做出改变，第一步就是要发现这些阻碍的地方，也就是需要我们有勇气承认自己人格中与现实脱节的地方，承认我们的痛苦背后存在功能不良的地方，当然，也承认痛苦本身。

只有当我们真正有勇气承认这一切的存在，才可能做出选择：是继续保持原来已经熟悉但让我们痛苦的方式，还是试着冒一些险去探索一些新的可能？

所以，我们的生命状态某种程度上取决于我们自己如何取舍，我们自己才是塑造我们自己命运的人。

如果我们并没有做好改变的准备，并没有做出改变的选择，来自他人的多少建议、多少方法，都是不会发生作用的。

与戾气和解

每个人长大的路都不容易走。我曾有一个来访者在谈到她心中的痛苦时说："你给我一个活下去的理由。"我说："我们每一个人的出生都是一个奇迹，也许，我们没有理由也没有权利去终止这个奇迹。"她微微一笑，说："我喜欢这个理由。"其实，工作之余我常常会想，不仅出生是一个奇迹，一个人能够在生命前三年，尤其是第一年经历那么多痛苦和恐惧而活下来，本身就是一个奇迹。何况一个孩子除了要经历出生所带来的种种艰难体验，还可能经历父母养育过程中的种种过失，以及环境中的种种伤害。好在每个人心中都有一颗期待发芽的种子，这些天然存在于内心的、成长的力量会带领我们每个人长大。

还记得我曾与我的分析师讨论我能够经历那么多痛苦还活了下来这个奇迹，他当时说："一定是有什么我们还不知道的力量，让你有了超强的修复能力。"我说："我能想到的，是我小时候曾读过的那些书。”

作为一个“70后”，成长中曾经历过一些创伤性体验不算什么稀奇事，我的幸运之处在于，当我学会识字的时候，可以找到许多书来读；当父母所在大学图书馆的阿姨告诉我“孩子，这里已经没有你能读的书了”时，我已经长大了，从那些书中吸取的养分，已经足够帮助我建立起对世界的美好期待，足够让我相信这个世界上总会有美好的东西存在，尽管那些美好可能存在于我永远到不了的地方。但是，只要存在，就有希望。

一直到近几年我才明白，小时候读过的那些书对我的意义在于，那些书中的美好情感帮助我确立起了对人的基本信任，而这个信任的能力其实是**发展爱的能力的基础**。

那些书成为我的一个替代性的养育者，弥补了现实的不足。当年我读过的许多书和文章，现在被称作“鸡汤文”(此处非指“毒鸡汤”)，被很多人拒斥。但对我来讲，幸亏有那些书、故事的陪伴，让我的内心多了很多情感的滋补，也多了很多修复创伤的机会，重要的是，帮助我建立起对爱的期待。

对“鸡汤文”的拒斥，某种程度上讲，是对爱的无法信任，或者是对爱这种重要情感的绝望，是对爱的期待与拒绝的冲突。

有段时间，出现了一种现象：不抱怨上几句父母养育失败，好像就不正常。可是，抱怨过之后，一切照旧，对父母的愤怒依然藏在心里，而“抱怨也无法带来改变”这件事，倒是带来更多的挫败和无望，反而会增加个体内心的痛苦。

在人的情感世界，愤怒可以带来力量感，所以心怀戾气的一个好处是可以让我们感觉自己占据了一个更加优势的位置，有权利、有力量去责备另一个人、另一个集体、另一个环境等。这就帮助我们在一种虚幻的力量感下，不必去感受丧失（失去了一个重要的人的爱、丧失了所渴望的满足）、无力（没有办法获得所渴望的爱）、悲伤等更加痛苦的情感，也不必在渴望获得与恐惧被拒绝之间焦虑。

实际上，这些愤怒也限制了我们人生的发展。当我们愤怒于父母养育的失败时，也同时在否认自己成长的力量。我们将自己过上更好生活的掌控权拱手交到了父母手里，就像内心一直在重复着这样一个信念：妈妈，我绝不让自己过上更好的生活，除非在我小的时候你没有那样对待过我。

是的，妈妈那时候的确可能剥夺过你很多获得美好的可能，但是现在，在剥夺你的不是别人，正是你自己。在愤怒于妈妈没有给予和悲伤于妈妈没有给予之间，相差的是承认和面对丧失的能力。有能力承认丧失意味着不得不承受没有获得的悲伤，不得不承担起帮助自己改善的责任，不得不面对成长的痛苦。当你硬着头皮承担起这些的时候，就会从心理上与父母渐渐分离，让他们成为他们自己，你也成为你自己。只有这时候，你才能获得心灵的自由，才有可能真正感受到自己生命的美好，你才能真正从心理上长大，成为一个成年人。

如果不能承担呢？愤怒和抱怨就像一支扎进血管的抽血针，将你的生机与活力渐渐抽走，因为历史不能改写，沉浸在抱怨里的结果，是挫败感越来越多，内心的痛苦越来越沉。

有时候我们必须正视“鸡汤”的滋补可能，尽管那只是“汤”而已。前些天发在“十分心理”的一篇文章下有读者留言“难得心理学的文章不指责”，这样的留言是需要心理学工作者，尤其是心理科普工作者去慎重反思的。心理学或者精神分析存在的意义，从来不是为责备提供论据的。

精神分析最重要的意义，是帮助我们去理解人性，并且在理解的基础上，对人有更多的理解和接纳。只有理解和接纳发生之后，爱的情感才能滋生。爱的力量是可以修复创伤体验的，得到修复的人生才变得不那么痛苦。可是我们同时又不得不承认，一些离开了临床做科普的文章，在科普了父母不良的养育对孩子造成的不良后果的同时，却有意无意地忽略了孩子自身的成长力量，忽略了孩子自己在创伤体验形成过程中的参与。

因为心理创伤体验是一个内部过程，而这个内部体验并不完全与外部现实对等。也就是说，那些被创伤的体验有一部分是来自孩子的情感感受方式，并不完全来自父母不良的养育。这在临床中会有一个恶果，就是增加来访者的治疗难度，因为他们更多地相信自己的痛苦全部来自父母，与自己是无关的。这些感受方式让他们放弃了信任自己成长的能力，而将自己陷在抱怨、责备的泥淖中无法自拔。

我们每一个人长大都不容易，说到成长，每个人都会有一大把血泪史。再完美的成长史，都是从出生开始的，而出生本身就是一个重大的创伤，哪个人可以不经历出生就长大呢？

可以说，我们每一个人都是在“血迹斑斑”中长大的，心理专业工作者也一样。不一样之处在于，专业人员的文字在普通人群中有更大的影响力。所以心理工作者在发出每一篇文章时，至少需要有所反思：我的文字中会有多少自己创伤体验的投射？会有多少是在科普？会有多少是在表达自己的情绪？专业人员无法做到完美，但至少可以谨言慎行，努力做到心理咨询行业中的一个基本原则——至少，不伤害。这，就已经是善了。

对于并没有丰富的精神分析知识的普通人，最好的帮助自己的方式是在爱的关系中去修复创伤，不管是在亲密关系中，还是在心理咨询过程中。我们心中的戾气的确需要一个接收者来减毒、代谢。

当然，通常这是心理咨询师要做的事，而不是生活关系中的人有责任做的事。亲密关系也是可以有治疗意义的，如果我们内在的伤害性体验没有那么强，不会对我们的亲密关系造成太大破坏的话，我们可以在生活中得到很多的修复。但是，如果内部的创伤太严重，或是脱离现实太厉害的话，我们生活中的亲密关系帮助我们修复的压力就太大了，是不太可能完成修复过程的，双方的关系反倒可能会被破坏。

这就是说，你可以脱离现实去责备你的咨询师毫无人性地伤害你，却没有权利去对身边人这样做，因为身边人与你不是治疗关系，他没有义务承载这些戾气，他也很可能无从分辨关系中到底在发生什么；同时，成熟的咨询师有能力去承接这些愤怒，并帮助你去理解这些情绪里可能存在的不合理成分，从而帮助你获得理解和改善，但是身边的人却很难做得到。

当然，咨询师有责任承担你的愤怒，并不是指他们就会为了让你感觉舒服一些而满足你的所有期待，也不是指你就可以随意地向咨询师施加伤害性行为。咨询师同样有要求被尊重的权利。不同之处在于，生活中的人感受到那些暴戾时可能会为了保护自己而选择离开你，咨询师却需要留下来帮你看到你的行为模式中的伤害性，帮助你化解戾气，学会宽容、友善的生活方式。

如果只是一味地由着你的怒火泛滥，而不帮助你学习管理自己的怒气，那只会使你陷入破坏性的模式中难以自拔。那不是咨询师的工作目标，也不是你的成长目标。

咨询师的目标是帮助你化解心中的戾气，发展出爱的能力。而这就需要他们有勇气冒着你的情绪炮火，带领你逐渐接近生命的真实。那个真实也许是你抗拒或是恐惧的，所以那些帮助你发展爱的能力的人，有时也会成为带给你痛苦体验的人，但是他们的勇气本身也有可能感染你，让你愿意试着去接近自己的真实。

当你真的有勇气去面对这一切时，当你真正理解你的戾气所表达的意义时，戾气对你就没有用了，因为爱的能力可以使你柔软，增加你的弹性，可以让你自由地应对生命中的种种。你已经有了那么多能力来让自己生活得好，戾气就会成为用处不大的工具，恐怕你也就懒得再用了。

打破“我不能好”的魔咒

生活里常常看到这样的一些人：大家都认为他是潜力股，可是他往往会在临门一脚时出些差错，让大家都为他惋惜不已；或者他可以在独处时把一切打理得很好，但是一旦走到人前，他就会像一只被吓坏了的小兔子，把原有的本事忘得一干二净，就好像自己从来都是个低能的娃儿；再或者他干脆否认自己有能力在社会上闯荡，自己关起门来哪里都不去，就像斩断了自己的双腿，呈现社会生活的残疾状态；等等。

这些人，都有一个共同的特征：不是他们没有能力，而是他们从来不敢相信自己身上具有“好”，自己有可能会成功。其实，他们都有一个受限的自我，他们的许多功能会因内在世界的种种束缚而无法得以展现。

前面提到过，国外资深的精神分析师建议，有条件的话，青少年都应该接受一段时间的精神分析，原因也在于此：每个人在成长过程中都会有一些受限的地方，这些受限来自成长中的适应不良。在成长早期，这些方式可能帮助他们抵御了当时的艰难体验，但是随着他们的长大，这些方式已经无法适应现实的状况，甚至限制了他们潜能的真正开发与启动，使他们的能力不能正常发挥。

一个人不能走向成功的动因是多种多样的，我们很难全部列举出来，但是一些常见的动因，我们还是可以寻得一些运转轨迹的。

对原生家庭的效忠。一个孩子，如果从小生活在被贬低之中，那他可能就会对自己形成一个“我不行”的自我意向，并且按照这个自我意向打造自己。比如，如果一个孩子从小被家人认为不会有大的出息，他总是不如另外的几个孩子优秀，当这个孩子在潜意识中认同了家人对自己的定位之后，他就会限制自己的发展；当他的成就有可能超越其他家庭成员时，就会唤醒他“背叛”家庭的焦虑，于是，他可能就真的会成为那个临门一脚失败的人。

如果一个孩子成长于一个信奉“丛林法则”的家庭（不得不承认的是，很多从动荡年代走过来的家庭，因为安全感的匮乏，将这个法则作为信条），他可能会接收到两种冲突的信息：一个是他必须优秀，从而为自己争取更多的生存空间；另一个是家庭中更有权力的那些人要借助于掌控他来获得安全感，所以他会不断从家庭的“王”那里感受到对自身发展能力的限制。

当然，这个限制是暗中传递的，比如孩子不能违背父母的想法，这就意味着孩子是“不对的、无能的、不能独立思考的”等，使孩子失去探索和创造的动力。在这样冲突的信息中，孩子可能就会无所适从，所以他不得不为自己选择了第三条路：为自己创设一个只属于自己的空间，躲在里面不出来，这样就回避了与家庭中任何一方期待的抗衡，但他也会因此失去他的社会适应能力。

成功者的内疚。当孩子进入俄狄浦斯期（3 ~ 5 岁），孩子对异性父母有了强烈的亲近需要，于是同性父母就会成为孩子的假想敌。在与同性父母的竞争中，孩子会感觉如果自己战胜了，就会伤害到同性父母，也会被同性父母惩罚。为了缓解伤害父母的内疚，他可能就会在潜意识中遏制自己成功的可能，这个过程被称作成功焦虑。

具有成功焦虑的人，常常会在生活里遏制自己成功的可能，比如重要考试之前突然莫名其妙地生病，比如在一个有重要面试的早晨因为上错了闹钟而没有及时起床，等等。在现实中，往往可以看到有充分的现实性原因阻止了他们成功的可能，可是在这些现实性原因之下，往往也可以找到他们自己潜意识的破坏动力。

妒忌和对妒忌的抵消。妒忌在克莱因流派的精神分析中，是非常重要的分析内容，因为它对一个人人格健康发展的破坏性作用是非常强烈的。妒忌是这样一个过程：当一个婴儿在成长中感觉母亲拥有充足的乳汁而他自己没有，他不得不等待妈妈的给予才能存活时，这个婴儿内心就会充满恐惧与愤怒，他希望能够掠夺母亲的乳房和乳汁（母亲的好的东西）并且损毁它。而当他损毁了这些好的东西时，他也就失去了获得“好”的可能。

在咨询室里常常会遇上这样的情况：如果在上一周的工作中来访者很有收获，在这一周的工作中，他可能会对咨询师大加抱怨，责备咨询师不能够理解他，对他完全没有帮助等。这实际上就是一个妒忌的过程：他要破坏咨询师给予他的好东西，进而破坏自己成长的可能。

或者，一个在生活中不能控制自己情绪的来访者，感受到咨询师情绪平稳，对他不断提供抱持性体验时，也可能产生强烈妒忌。他就会非常愤怒于咨询师的平和，因为他感受到了咨询师拥有他想要但又得不到的东西，于是他就用激怒咨询师的方式来破坏咨询师所拥有的“好”，同时也会在他引发的冲突中伤害到自己。

妒忌会给一个人带来强烈的痛苦，有时一个人为了缓解妒忌的痛苦，而去理想化另外一个人。当他感觉另外一个人如上帝般完美时，他就会将自己的世界停滞在“坏”里，他也会因此失去对美好和成功进行追求的动力。

贪婪和对贪婪的抵消。贪婪是一种贪得无厌的强烈愿望，远超出他自己的实际需要和对方能够给予且愿意给予的数量。在贪婪的驱动之下，这个人就会让自己不断陷在掠夺的冲动之下而失去创造的可能，进而也限制了他凭自己的能力获得成功的机会。

有时为了缓解贪婪带来的痛苦和内疚，一个人会通过让自己放弃拥有好东西的可能这种方式来抵消贪婪，这样也会拉开他与成功之间的距离。

对依赖的需要。有一些人非常恐惧因为自己的成长而失去依赖的对象，为了与依赖对象不分离，就会在潜意识中选择让自己处于虚弱的状态，这样就会吸引来自依赖对象的不断照顾。但这样做的结果是使他失去了成长与成功的可能。

当然，一个人的自我设限可能会有各种各样的方式。常常有人会在我的文章后留言说："你只说出了原因，方法呢？"实际上，一个心理咨询师能提供的，更多的是对原因的理解，至于接下来的功课，是需要当事人自己去努力的。每个人只能通过自己的努力寻找到属于自己的方法，而咨询师就算是有方法，它在你身上也可能会水土不服，反倒成了阻碍。

迈向成功的腿，需要长在你自己的身上，而不是咨询师身上。咨询师不可能背着你走，因为如果你自己还没有做好向前走的准备，咨询师就算是个火车头也拉不动你。

至于办法，最重要的办法是去理解自己的受限之处，然后付出努力，做出改善。这个过程就是发现受限处—停止旧模式—尝试新模式—扩大经验—重建适应的模式。

这个过程里的每一步都充满了艰辛，而这个过程中最重要的是当事人改变的动力。在知道与做到之间，最重要的不是咨询师提供的办法，而是当事人自己面对困难、尝试新经验的勇气。只要你愿意让自己进行一些新的尝试，就有改变的可能。如果你并没有做好这样的准备，就算是一万个办法摆在你的面前，也是没有意义的。

冰雪下亦有新芽

一过完年，天就渐渐暖了，眼见着太阳一天比一天明朗起来，风慢慢软了，花渐次开了，于是就知道，严寒已经过去了。这时候姐姐发来照片，她家院里又积了雪，雪下面是顶着冰珠开出的花，花叶茁壮，花色艳丽。我不由得心生感佩，这些花草，有如此顽强的生命力，多么像这些年曾和我一起工作过的那些来访者。

恰好那天我的同学群里在讨论：为什么有些人经历过那么严重的创伤却能生存得很好，而有些人明明有比别人好得多的成长条件，却在发展中遇上那么多的麻烦？

我发了姐姐院子里那些花的照片给同学们，然后说："生命自身的力量，我们永远不能低估。"是的，我们每个人身体里，都有成长的种子，那种子不管在多么艰难的情况下，都在预备发芽，预备长大。

与一位远道而来的朋友聊天，这其实是我们第一次见面，但是我们聊得很投入。她告诉我她的生命故事，也给我讲她所做的事情。她放弃了一些听起来很有诱惑力的工作，选择做心理学的科普与传播。她也问我为什么选择了做心理咨询这样一个被很多人并不看好的工作。于是我们发现，我们其实是同一类人，都相信生命自身的力量，都相信不管经历怎样的严冬，只要春风起时，生命的力量本身就可以带领我们不失春信，按时赴一场生命的盛宴。

她幼年的生活可以用“严酷”两个字来概括，但是现在的她很优秀，她的话语中并不缺少对过往的感恩。这让我相信，她身体里成长的力量远远多过伤害，所以她一定是可以越过寒冬，等待春天到来的那个人。这也使我想起自己生命过往中经历过的很多人。

我有一位情同姐妹的朋友，用她自己的话说：“人世间，那些算作创伤的事情，我都经历过了。”她所经历的人生，是很多人无法想象的：被遗弃、家庭中的矛盾、幼年被伤害、生病又被大人忽略、差一点儿死掉。

可以说她基本一直生活在风霜之下，仅有的一点儿阳光，是有一个很疼爱她的亲戚，因为看到她生活得实在太苦，所以曾把她带到自己家里生活了半年。可是，她一直靠自己的生命力量与命运抗衡着，似乎没有什么可以把她压垮。她用业余时间投身公益，做了很多年儿童保护工作。

她说：“我只想曾在我身上发生的事情，不要再发生在别的孩子身上，我比别人更知道这些孩子需要什么。”我问她：“对于你曾经的遭遇，你恨吗？”她说：“恨，可是我没有太多的时间让自己一直去恨。如果恨能解决我心里的痛苦，我早把那些人恨死了。相比之下，倒不如去帮助那些需要帮助的孩子。当年我曾得到好心人的帮助，活了下来，那么现在我就要成为那个好心人，这比躺在恨里更能让我舒服、安心。"

真的，与她在一起的每一分钟，都是让人舒服的。在她身上看不到经历风霜之后的粗粝，相反，她身上有一种母性的光辉。她柔和又平凡，跟她在一起，甚至什么都不必说，只是看着她眼里平静又淡淡的笑，就可以让我慢慢安静下来，感受活着的美好。那是一种经历风浪之后的智慧之光，她不去与风浪抗衡，而是选择了接受风浪的洗礼，并且与风浪和平共处，她的淡然让风浪在她面前失去了肆虐的威力。

我还记得有一位曾经与我一起工作了很长时间的小伙子，他来我这里，是因为他实在无法应对与父母的关系。在他的感觉中，父母对他极其严苛，所以他恨极了父母。他的成长经历的确是很艰难的，他出生后不久，生了重病，有半年是在医院度过的。

那时候，他住的是一个大病房，同时住在一起的有十几个孩子，可是最终只有他一个孩子被保住了。他父母对于失去这个孩子的恐惧有多大是可以想象的，这个孩子就在父母的恐惧中慢慢长大。不可避免地，他也接收到了来自父母的恐惧和限制，虽然他并不理解那些到底意味着什么。后来他长大了，在社会生活中有许多的不适应，于是他找到了我。

在我们几年的工作中，我们慢慢看到了他对父母深重的爱如何让他无法离开父母独自飞翔。

对于自己是十几个孩子中的唯一幸存者，他有强烈的内疚。这些内疚使他忽视了自己的能力。他其实从小就是一个非常优秀的孩子，但是他一直将自己感受为一个无能的人。为了缓解这些痛苦的体验，他将内心的这些情感做了一个转换，将对自己的那些轻视感放到父母身上，感觉成是父母看不起他，这样他就可以将自己感受为是被父母限制的，而不是抛弃了小伙伴独自活下来的那个人。

当我们慢慢发现他内心的这些运作机制时，他也终于明白了自己有多么爱自己的父母。他削弱自己的能力背后，有多少对父母失去自己后会太痛苦的担心。他终于能够承认，自己身上有非常多出色的地方。当我们讨论是什么促使他发展得出色时，他终于理解了：是对死亡的恐惧让他一直努力地成长、成长，让他不断探索更多更新的空间，于是也成就了他远超出同龄人的能力。

记得那天我与朋友聊到，所有痛苦都是一种化了装的祝福，但是看到化装后面的东西并不容易。痛苦能化为财富的前提，是我们真正有能力承认痛苦的真实存在，并且有能力面对痛苦——失去某些美好，承认它，哀悼它，接受它。这就是修复的必经路径，没有经过这样的修复，痛苦就是痛苦。

有一天被朋友问到，为什么同样经历过痛苦，有些人后来可以发展得很好，有些人从此就一蹶不振？如果是成年期的创伤，每个人的修复能力是不同的，这个不同很可能来自成长早期母婴关系的品质。如果这个人的内在世界曾建立过安全、信任的关系，修复起来就要容易得多，因为他已经培养起了吸收来自外部世界营养的能力，他可以利用外部资源对自己进行修复。

如果是婴儿期的创伤，那是每个孩子必经的成长历程，既与养育品质有关，又与孩子从一出生就带有的人格特质有关，与这个孩子内心世界生本能（成长、修复的动力）和死本能（破坏、攻击的动力）所占的比重有关。可以肯定的是，好的养育环境可以帮助孩子发展更安全、健康的内在世界，但是这又不是完全可控的，因为孩子内心世界如何配比是无法控制的。

那些可以穿越痛苦，并且最终将痛苦转化为资源的人，他们的不同之处，很可能是面对痛苦的勇气更多一些。搞家庭治疗的人常说的一句话是："之所以不去尝试改变，只是因为所受的苦还不够多。"

有时候是这样的：痛，但是没有痛到跳起来时，就会心存幻想，也许再忍一下就过去了，于是痛还是痛，什么都没有发生；痛到实在无法忍受时，就豁出去改变一下试试，这一试，也许就试出了一番新天地。

但对大多数人来讲，尝试新的东西就是一种冒险。如果内心没有足够的安全感，是不敢去尝试的，所以在尝试之前，他们需要积累足够多的安全体验和成功体验。

一个完整的精神分析过程，往往会花上好几年，这是因为改变是在缓慢的积累中发生的。每一点改变的发生都不容易，刚刚积累一点儿成功经验，又遇上了新的困难，无法处理这些新困难，就会再度退回之前熟悉的状态里，重新积累、尝试，一直到积累了足够的勇气，一举突破那个僵局，然后再在一个新的起点上，继续积累、突破、发展。其实，这也是一个孩子生命前几年，尤其是第一年所经历的过程。

在一个人的成长过程中，寒冬是逃不掉的，没有人可以出生后不经历任何痛苦，只在春风中长大。

这既是人生最大的遗憾，也是最大的财富吧。

从脐带被剪断的那一刻开始，一个孩子注定要经历的创伤人生就开始了。每一个人都是带着累累伤痕长大的。在生命早期，各种因为要适应这个世界而发生的痛苦，既考验了这个孩子，也丰富了这个孩子的生命体验。但是寒冬并不会一直停留，内在的成长力量会引导我们走向春天，除非这个人就像一颗已经煮熟的种子，内在世界里再也没有一点儿生机，而这样的严重精神病理状态的人，其实很少。

无法淘净的泥沙：低自尊

心理学的科普文章中常会出现“低自尊”这个词，出现得多了，难免就会被问低自尊到底是怎么回事。低自尊的表达方式有很多种，大家最熟悉的，可能就是自卑。其实，自大也是低自尊的一种表达方式。

当一个人无法接受真实的自己，无法面对自己身体里不够完美的部分时，就会产生一系列痛苦的体验，比如：我会不会因为不够好而不被喜欢？会不会因为不够好而被忽略？会不会因为不够好而失去一些权利？会不会因为不够好而遭遇歧视？

这些对于关系的恐惧，会带动这个人在内心做一些处理来避免痛苦体验的发生：要么将自己感受为非常糟糕的，这样他就可以尽力避免与外在世界的接触，从而避免面对痛苦场景，这就是自卑；要么将自己弱小的部分投射到外部，只剩下有能力的部分给自己，这样他就可以将自己感受为强大的，而弱小的是别人，这就是自大。

不管自卑还是自大，其实都不是坦然地面对自己，不是与自己的真实接触；或者说，都是躲在防御机制后面的自己。因为没有与真实接触，所以在人际关系中都会带来不舒服的体验。

那么这些真实又是怎么失去的呢？

关于人格的形成，精神分析各流派都会有一些不太一样的假设。在克莱因理论体系下，一个孩子从出生开始就要面对生存的艰难性。他最早应对这些艰难性的方式，就是动用“分裂”机制的过程：将照顾自己的妈妈在感受中分裂开来，满足自己的部分成为好的妈妈，不能满足自己的部分就是坏的妈妈。

这样做的好处是可以帮助这个孩子亲近好的妈妈，远离坏的妈妈，从而保证自己在体验中是安全的。大约经过四个月到半年的时间，孩子才能在不断失去好的妈妈（比如妈妈不能及时换尿布）又重新得到好的妈妈（后来妈妈又很好地满足了我）这样的反复过程中，确认好妈妈和坏妈妈其实是同一个人，这个世界上既没有全好的妈妈，也没有全坏的妈妈，妈妈其实是既好又不好的。这就是整合的过程，是人格走向成熟的进程。

而孩子在与妈妈的互动中，当他面对好妈妈时，他会从妈妈的眼睛中看到自己是一个被满足的婴儿。在好妈妈的面前，他将自己感受为一个好宝宝，一个被喜欢的、有尊严的孩子，因为自己如此之好，所以可以获得来自妈妈的喜爱。

面对挫败他的妈妈，他会将自己感受为一个不那么好的孩子，因为自己不够好，所以才无法得到好的对待。

之所以会发生这样的互动，是因为当一个孩子将未得到好的对待感受为是源于自己不够好时，他就可以感觉事情是可控的：只要我足够好，就可以找回好的对待。

而这一切的发生，基于一个最基础的过程：生命最初的健康分裂能力。健康分裂的能力关系到之后人格发展中的区分内在与外在、他人与自己、情感与行为、幻想与现实等诸多功能的发展。

当一个孩子在成长中与养育者互动的时候，大概是这样一个过程：这个孩子的内心世界就像是一杯有沙子的水，这个孩子需要让沙子沉淀下来，清除出去（分裂、投射），这些沙子被清理到妈妈那里（坏的部分投射给妈妈），妈妈将这些沙子接收下来（母亲允许并容纳孩子的各种焦虑，而不是提供拒绝性的或是惩罚性的情感体验），并且在与孩子的互动中向孩子的杯子里注入清水（提供爱、尊重、信任、接纳等情感支持）。

孩子不断从与母亲（主要养育者）的互动中吸收爱的、安全的体验，当他的水杯中清水足够多时，他也就有能力允许有一些沙子存在，因为他已经从与母亲的互动中积累了足够多的安全体验，他可以意识到：我的杯子里就算是有沙子，我也不会失去妈妈对我的爱。

这就是一个高自尊的孩子，他可以真实地面对自己的内心世界：我可以是有瑕疵的，同时我是安全的。

那么低自尊的孩子内心世界有可能发生了什么呢？

如果这个孩子天然就缺少健康分裂的能力，那他无法使沙子沉淀下来、分离出去。他就可能一直生活在“坏”的恐惧中，将自己感觉为非常污浊、没有清澈的状态，于是他可能将自己感受为全坏的，或者为了逃开这些污浊，一股脑儿将杯子清空。于是这个孩子进入了极度匮乏的状态。

这就可能使孩子进入病理性的人格甚至精神病性状态。如果这个孩子虽然能让沙子沉淀下来，但无法分离出去，他就不得不面对自己身上有如此多的“糟糕”。

尽管那可能是每个人身上都有的，但他无法分离出去就无法在与妈妈的互动中学习如何去处理这些泥沙。当他无法面对时，可能会选择退回自己的世界不与外界接触，这样他的社会功能就会严重受损。

或者他让泥沙沉淀下来了，也分离出去了，但是妈妈对这些泥沙是有恐惧的，于是妈妈因为恐惧而拒绝接收这些“坏的”东西，比如父母因为没上过大学，于是非常害怕孩子成绩不好，或者父母有未处理的痛苦情感，所以就不允许孩子哭泣等。

当孩子分离出去的这些“坏”东西无处安放时，他不得不再收回来，甚至此时收回来的内容，又加上了父母身上的一些污染物，于是孩子自己不得不成为“坏”的接收和储藏者。这就会破坏他建立对自己信任的能力。

当一个孩子分离出去的泥沙不被接纳时，他就会将这些泥沙感受为是不被许可的，所以他就无法学会允许这些泥沙存在。

当他一感受到自己的杯子里是有泥沙的，就会感觉自己很糟糕，于是成为一个低自尊的人，尽管实际上，另外一个高自尊的人杯中的泥沙可能比他的还要多。

只是高自尊的人因为允许和接受泥沙的存在，所以他可以有精力去做自己喜欢的事。因为喜欢，所以也容易成功，这些成功的体验反过来可能帮助他发展更多自尊。

而低自尊的人因为无法接受泥沙的存在，所以要花非常大的精力去与泥沙较劲，或是努力隐藏起这些泥沙，使之避免被看到，于是他就很少有精力去享受生活，他也就可能变成无趣或是缺少生机的人。

而这样的状态在人际关系中是很难吸引到来自他人的喜爱的，于是就会越发陷进低自尊中去。

所以，自尊这件事，其实是与自己的内在功能，以及人际关系中的体验有关的。那么如何才能发展健康的自尊呢?

简单一点儿说，就是发展健康的人格。可是，发展健康的人格又绝不是一件简单的事。

人格基本形成于幼年，但却是一生都在动态发展的，所以如果期待改善，什么时候开始行动都不嫌晚。发展人格，最便捷的方式是接受分析，在咨询师的陪伴下了解自己更多的心理世界，学习到更多的健康的人际模式。

所以，有西方精神分析师建议青少年都接受一段时间的精神分析，这样可以帮他们更好地处理内在冲突，更平安地度过青春期，也为今后更好的生活打下基础。但接受精神分析毕竟是一件非常奢侈的事，何况国内的专业资源非常有限，所以另外一个方式会更容易些：与健康的人相处。心理健康的人所带来的健康体验并不弱于精神分析，或者说精神分析本身就是一个心理相对健康的人所带来的健康体验。

如果没有这么幸运可以与心理健康的人去相处，那就需要增强自己的体验和反思能力，在人际感受中去体验和改善。当然，这些都是源自情感世界的体验，而不是理论性的学习，因为当理论不能与情感相遇的时候，能带给我们的帮助是非常有限的。

每个人都有机会成为“最好的自己”

一位从小就被要求“必须优秀”“必须最好”的朋友，急急约我出来聊聊。一见面，看她一脸梨花带雨的样子，我便猜她是不是又与领导发生了什么冲突。

她一脸的不快：“这不是明摆着欺负人嘛，凭什么一样干活，我干了就是应该的，她干了就是优秀！”

原来，她一直看不上的一位同事，今天被领导在大会上表扬了。这让我的朋友十分不爽，因为她感觉自己被领导冷落了。我就笑她：“人家小姑娘被表扬了，又没拿走你的东西，你气啥呀？这跟你有半毛钱关系吗？倒是你把自己气成这样，多不划算。”

她的火气一下子就大了起来：“怎么跟我没关系，她不就是因为年轻嘴甜嘛，我不就是不愿意讨好领导嘛！”

我说：“对呀，你又不讨好领导，天天把领导当成冤家，恨不得遇上点儿事就把人家气个半死，人家能在你的风刀霜剑里活下来就不错了，哪里还有心情表扬你！”

听我这么说，她也一下子乐了，带着几分得意，我分明感觉到了她施虐的快感。

看她心情好些了，我想跟她好好说说这事儿，我说：“要不是看在我们多年交情的分儿上，我真不想再跑出来给你救火了，你说你每次生气，哪次不是自己折腾自己？”

她幽幽地叹口气：“我也知道这事儿是我气量太小，可是从小我就被要求必须优秀，看见别人比我好，就会觉得自己是天下最笨的那个人，就会觉得自己不被喜欢，我哪里还平静得了啊！”

我说：“你看，每次你看见别人比你好，你都没办法忍受。你反正会有各种办法去破坏人家的好来为自己求个心理平衡，要么费尽心思去找人家的缺点，要么不知什么时候就找机会说人家点儿坏话扳回一局。你这样的破坏把你与周围人的关系都搞得很紧张不说，对你自己没有一丝半毫的好处啊。就连我买个什么新东西你都能挑出一万个毛病来证明那东西不好，这要不是我们几十年的交情在这里，我也受不了你，何况别人？说到底，你要么就是想证明你比我强，要么就是想抵消我比你强带来的痛苦，可是这真的重要吗？你真的不能试着放弃这个需要吗？”

她也笑：“你又在说我妒忌，我知道错了还不成吗？”

妒忌，是我与朋友讨论得非常多的一个话题。所谓妒忌，就是一个人无法忍受别人拥有一些好的，而他自己不曾拥有的东西，于是这个人就会变得愤怒，就会想要去占有那些好的东西，甚至不惜破坏那些好的东西，就是“如果我得不到，那我宁愿破坏它也不让你得到”。

妒忌的破坏性就在于，不仅伤害了拥有好东西的人，妒忌的人也无法从拥有者那里获得好处。

对于我的朋友而言，她无法忍受别人比她好，于是她常常要么挑人家的毛病，要么在内心贬低对方，以此来保证在她自己内心感受到“我最好”，而别人是不好的。

她的这种充满敌意的处理方式，常常会让别人对她避而远之。最重要的是，当她这样处理时，一方面她满足了“我最好”的期待，另一方面她也破坏了自己因为能够欣赏他人的长处，所以愿意向他人学习的动力。

所以日积月累下来，当她陶醉于“别人都不如我”的幻象中时，她也成了一个不能成长的人，最终就落得处处不如人。

为了避免面对不如人这个现实，她就更加努力地去维持“我最好”的幻象，破坏的成本也越来越高。

现在，她也意识到自己为这个“我最好”付出了多么大的代价。

她问我：“我还能成为最好的吗？”我说：“能啊，我们永远有可能成为最好的。”

而这个“最好”，放在与别人的争战里，却没有太多意义，因为别人所拥有的一切，都来自他们自己的积累，而不是从我们这里的掠夺，所以别人拥有的好，与我们没什么关系。

我们最重要的事，是发展自己，让自己真正拥有好的东西，成为美好的自己，而不是靠打压或掠夺别人来感觉自己比别人好。

在近些年的职业生涯中，我越来越深切地感受到“成为最好的自己”是一件多么不容易但又让人开心的事。

曾有朋友问过我为什么不讲课、不带小组，而是选择了做个案这种最累、最穷的职业发展方式。起初我也不明白为什么，可是近些年，我越来越知道了，恰是这种看起来效率不高的方式，在帮助我慢慢成为最好的自己。

当我在工作中深入地去探索人性的隐秘之处，当我见证了一位位来访者的缓慢变化后，我越来越强烈地感觉到世间所有的付出、累与痛苦都是值得的。

他们的坚持、变化，让我确信人生有无限可能，也让我对人生有了越来越多的确定感。从之前的怀疑“努力有用吗”，慢慢到“可以试试看”，再到“变化一定会发生”，他们的生命故事一次次带给我感动，也带给我努力的勇气。

当我看到在那么艰难的处境下，一个人可以因为付出巨大的努力而真正获得改善时，也会激励我更加相信自己的生命潜能，让我更有勇气面对生活。是的，当我帮助他们的时候，他们也极大地帮助了我。

成为最好的自己，最重要的一件事，是与自己和解，与自己内心的父母和解。

曾有很多人留言给我：“你说的这些都对，但是我父母不可能看到你的这篇文章。他们不能改变，我怎么可能获得改善呢？”

其实，当你将期待放在父母的改变上时，你的努力就已经用错了方向。

因为真正要发生改善的，并不是现实中的父母，而是你内心那个让你痛苦的、制约你发展的父母。

也许，你现实中的父母一辈子都不会认识到，更不会承认他们的养育方式曾带给了你伤害，因为在他们的世界里，他们对你那样做就是基于他们认为那样做是非常正确的，或者他们本来就是在伤害中长大的，根本就没有更宽的视野去发现自己养育孩子过程中的疏漏或者过失。如果你一直停留在“我就是不改善自己的生命质量，除非那时候父母没有那样对待我”，最终为你这个想法买单的，还会是你自己，因为你已经将自己限制在不现实的期待中动弹不得。

所谓的与内心的父母和解，就是允许我们自己去感受、去触碰过往的经历给我们带来的伤害性体验，承认所有的伤害已经发生，承认父母不是完美的，承认某些来自父母的伤害是不可逆转的（其实即使天下最好的父母，也不可能完全避免带给孩子伤害性的体验），并且允许自己带着这些伤，去探索一条让自己可以成长并且感觉舒服的人生之路。

当然，成长的过程不会像说话这么容易。我们每一个人都曾经是婴儿，父母对待我们的方式促使我们形成了对自己和世界的感知。

我们每一个人身体里都会残留着婴儿期的某些感受，这些感受也会制约着我们今天的发展。

我们不得不正视的一件事是，虽然我们的感受中不可避免会有婴儿期的残留，但是我们现在已经不再是婴儿。

正是因为我们已经不再是那个无力自主、无力选择的婴儿，所以我们才要试着去打破过往经验套在我们身上的枷锁，试着重新做出选择：如果你过去的经验是“我只有优秀才能被喜欢”，现在你可以试试遵从自己的内心去行事，而不是为了让别人喜欢才做；如果你过去的经验是“父母太强大，而我只能顺从他们”，现在你可以试试用自己喜欢但可能与他们不一样的方式做事情，也许并不是你想象的那么糟。

这些尝试的意义，并不是要你一下子变得与之前不同，而是让你可以给自己一些机会去做一些新的探索，去积累一些与过去不同的经验。

当这些新的经验足够多时，你就有可能积累足够多的勇气来变得与以前不同。

如果你不能将发生改变的期待放在自己身上，而是放在父母身上，你就会发现，自己之外的世界是不由你来控制的，父母很难发生你所期待的变化。

这只会带给你更多的挫败体验，很可能让你更加受困于与父母的关系。

在我们的成长过程中，父母的确可能会带给我们非常多的限制，但是，是去打破这些限制还是继续受困于此，最终却是由你决定的。

所谓的成长，就是有勇气不断承认这些限制的存在，并且改善它们的过程。

反思和坚持，是最好的办法和教科书

常常有人在我的文章下留言："你说的我根本做不到啊！能不能说一些办法或者介绍几本书？"还有人会表现得非常不友好："说了半天，费我这么多精力，连个办法都没有提供，差评。"当然，更加不友好甚至辱骂的语言还有很多。

在一个公共的空间，每个人都有发言的权利，每个人的语言其实也传递出了他对世界有怎样的期待，有怎样对待他人的方式，当然也传递出了他是怎样一个人。

对于不友好的语言，我通常并不回复，但有时也会因为不回复而激怒一些人，从而会有更加暴怒或攻击性的语言不断传递过来："你怎么不回复，你高傲什么！"

事实上，我并不高傲，而是从心底里真的不想与这样的说话方式过多纠缠。因为在我看来，即便是在一个公共空间，即便是彼此有很大程度的匿名性，彼此的尊重也是建立关系的基础，也是能够真诚交流的基础。何况我作为一个科普写作者，已经在努力做一些力所能及的事情，但我并不应该因此就承担起让每一个人都满意、都得到答案的责任，因为很多时候，每个人的答案只在他自己身上。

我写的所有文字只是想分享自己对世界的思考，只是基于一个心理咨询师的职业良心，希望能够传播一些有用的内容给大众，也希望有缘的人可以因为这些文字而有一些受益。但这并不代表我能够对所有的事情都给出答案和指导，也并不可能凭借这点滴的文字满足所有人的期待，更不代表着我可以随时随地进入一场没有思想分享只有情绪宣泄的争执去消耗宝贵的光阴。我能提供的，仅仅是我自己的思考而已，是的，是思考，而非指导。

我很欢迎有人发表不同的见解，哪怕是批评的声音，只要是经过他自己的思考的，属于他自己的声音。

我相信真诚的交流会使双方都受益，哪怕双方的观点截然相反。但是没有自己的思考，只是为否定而否定的声音，我通常会直接忽略。

因为，如果他只是为了给自己一个发声的机会，来平衡生活中的无价值感或无力感，或者借机释放一下郁积已久的愤怒，那不如就让他在这里满足一下，虽然那对他并没有实际的好处，但总归是可以释放点儿压力的。如果他只是需要释放因情绪推动而爆发出来的不满——这通常只会耗费大量的时间，却很难有讨论的价值，那不是在治疗环境下，真的没有必要陷入其中。

我知道也有一些人在现实生活中可能是谦谦君子，但因为网络的匿名性，所以会在网络中变得暴戾起来。对于这样的一部分需要，就更加没有必要争执，因为这样的争执并不能真的为他带来改善。他需要学习的是在现实生活中去表达他的攻击性，去处理那些积压起来的负面情感。

也许网络中的攻击可以为他带来暂时性的释放，但事实上，如果他一直应用这样分裂的处理方式的话，很难帮助自己学习到健康的处理情绪的能力。

我并不想对那些不友好的声音有任何批评，因为我知道，他用这样的方式一定是基于他自己的生命经验、所拥有的人际方式。他未必就是从心底里想让自己成为一个爱挑衅、攻击性强的人，但他就是学会了这样的关系方式。在生活中，他也一定为自己所使用的这种方式付出过代价。

但是，我还是要说，每个人最终会因为自己对待他人的方式而收获相应的对待方式，不能够善待他人的人，最终的生活状态未必能好，就像不慈之父难以养育出真正具有感恩能力的孝子一样。我们每个人最终被世界所对待的方式，恰恰是我们自己对待世界的方式。

在这个世界上，最容易的事情是批评别人，最难的，是反思自己。

当我们批评他人的时候，可以感受为自己占据了一个更有控制感的位置，错在别人，自己就不必承受对于犯错、弱小的恐惧，就可以在感受中欺骗自己一切尽在自己的掌控之下。人格中具有偏执特征的人，用起此法来最是轻车熟路。当我们反思自己的时候，就意味着我们必须有勇气面对自己无能、弱小、有缺损的现实，就意味着我们必须面对犯错时的内疚、丧失时的悲伤、无力时的恐惧等等。所以，只有当一个人发展得更成熟时，才会更多地反思自己，并且在反思中不断成长，更少地用批评他人的方式缓解焦虑。

所以，对于留言要求我给一些办法或介绍书的人，我一般会告诉他：反思和坚持是最好的办法和教科书。

但是，对于并没有做好准备为自己的成长、改善承担起属于自己的那部分责任的人，对于尚未放弃完全被外部世界满足这个期待的人来说，这句话等于一句废话。

是的，如果能得到一个办法，只要照着那个办法去做，就可以一切OK（一切都好）的话，那实在会成为人类的福音。可事实是，每个人只能在自己的努力探索中找到对自己而言最合适的办法。他人的办法也许有参考意义，但一定不能拿来当成救命仙丹，搞不好还会是毒药。因为那个人的经验是基于他自身的成长经历而有效的，对于另外一个拥有完全不同人生过程的人，既无法复制成长经历，也无法拥有完全相同的感受和理解，拿来就用恐怕很难有效。

这就像不管你多想省力气，你要周游世界的话，你得自己一个地方一个地方地走过，你没办法让一个向导替你走一遍来等同于你看到了、经历了。

所以，心理咨询师写再多的文章，能起到的作用也仅仅是告诉你方向在哪里，你可以朝哪个方向前进，可以决定你的速度、路线，但没有人能替你到达目的地，或是背你、抬你到达目的地。这就是人生的痛苦，你的成长来自你克服痛苦的努力，而不是他人的直接给予。没有人能直接消除那些痛苦，带领你直达幸福的彼岸。

在这条路上能起到最直接作用的，就是你的反思和坚持。

坚持是一件很不容易的事，变化是发生于点滴积累之后的。也许一年两年，你都无法感受到自己有什么变化，但是十年八年之后你再回看，就会感受到极大的不同。

我们让自己试着去坚持的东西可以很多、很微小。比如有人每天坚持做十分钟的瑜伽，一年以后，他可以从坚持中感受到自己有坚持的力量，这时候他对自己所产生的信任感也许比身体上的变化更让他欣喜；有人坚持每天背十分钟单词，并不会给自己带来很大压力，但是一两年后，他发现自己读外语新闻和小说都有了更宽泛的选择，他的世界也因此而拓宽。

有人坚持是为了达到某个目标，而当那个目标不能马上达到时，他就会感受到挫败。实际上，坚持作为一种重要的能力，帮助我们实现了持续的积累，使我们的人生可以持续处在发展而不是停滞的状态中。

拥有坚持的能力，也意味着对未来抱有信任，对自己抱有宽容，对焦虑有代谢和处理的能力。所以，坚持的过程，其实是帮助我们了解自己、发展更丰富内在功能的过程。如果坚持这件事击溃了你的意志，或者挫败性体验击毁了你的信心，那你就只能停留在你想逃离的痛苦里，日复一日，难有改善。

如果在人生这条路上只有埋头走路，没有反思，那你有可能会失去方向，就像那个以批评他人来获得力量感的人，很可能只是收获了一些虚假的满足，却没有真实的改善。

我们人生中的许多事情，许多时候看起来是一个样子，仔细思考时却发现完全是另外一个样子。比如时下流行的“原生家庭决定论”“鸡汤有毒说”。

如果一个人真的是被原生家庭固化的，那这个世界就不可能再有发展，因为一切都失去了发展和变化的可能。事实上，原生家庭对一个人的影响的确是巨大的，但不是绝对的和唯一的。

一个人的成长是受社会、文化、环境、家庭以及自己人格基础的多方面影响的。这就意味着，在我们的人生中有多种变量可以影响到我们自己的生命状态。如果我们无法选择原生家庭，如果我们生存的环境不能凭我们的意愿改变，那么我们至少还有可以做点儿什么的部分——我们自己。就算外部世界给我们造成了 99% 的糟糕，那我们至少还有 1% 的空间可以为自己做点儿什么，那我们改善的可能就存在于这 1% 之中。

所以，也许你需要思考的是，我愿意为这 1% 的可能，做出 100% 的努力吗？若干年后，人与人之间的差别，可能就是因为这个选择而变得非常不同。

至于“鸡汤有毒”这件事，也许只是意味着有些人对世界的善良、人与人之间的温暖失去了信任。当你相信那些温暖故事只是骗人的时，当你批判别人的温暖不现实时，也许可以让自己停一停，去思考一下：也许那故事里有 99% 只是美好的期待、幻想、自欺欺人，但至少那意味着讲故事的人并没有完全放弃对美好的期待和信念。而很多人之所以经历过极端的伤害依然可以存活下来，而且不断地改善自己，恰恰就是因为他们内心一直没有放弃对美好的期待。哪怕那些美好只是在他们遥不可及的地方，但只要他们内心还没有完全放弃，那个温暖的火种就可能成为他们一生持续发展的起源。

我见过早年成长经历中除了创伤几乎没有资源的人，我很惊讶于他并没有发展为病理型人格，也没有自杀。相反，中年以后，他的人生发展得越来越辉煌。我问他是如何做到的，他只是简单地告诉我：是他童年读的那些童话、少年时读的那些“鸡汤”，让他一直在内心相信，人世间一定有善良、善意存在，只是他还没有找到。

就是这样的信念，让他一直善待别人。他的想法很简单，如果自己不能被善待，但至少可以让自己成为自己想遇到的那个人。最终他的善良得到了超出预期的回报：他获得了周围人的极大信任，也终于得到了很多人对他发自内心的爱。也许，所有这一切恰是得益于他对自己的思考：我要的是什么，我怎样帮助自己面对“无法得到”。

思考并不是一件容易的事情，思考的能力往往来自被挫败的、痛苦的经验。恰是我们要摆脱痛苦的动力，让我们开始思考改变的可能，而改变就是成长的起点。哪怕是朝向失败的尝试，只要在改变，我们的生命就保持着活力，就可能在不断尝试中最终找到属于自己的出路。最糟糕的状况就是停留在原地，除了抱怨、愤恨，什么都做不了，那会使我们的生命就像绑上了大石头，不断下沉、下沉。

至少，我们可以在这时候停一停，想一想，还可以为自己做点儿什么。当我们的抱怨并不能逼迫世界满足我们的时候，我们不能忘记的一件事情是，问问自己还可以放弃什么，还能为自己做点儿什么。

所谓成长，就是承认痛苦是逃不掉的真实存在

每个孩子从一出生就不得不面对各种各样的困难：从母体出来时的寒冷，迅速且反复出现的饥饿，身体柔弱带来的各种不自由，没有语言能力带来的无法被理解和回应……何况还有可能遇上疾病、同胞竞争、养育者功能不良等考验。

所以，每个孩子的长大其实都是一场不断面对痛苦、感受痛苦，最终克服痛苦的冒险。这个过程，就是成长，心理的成长。

但是这个过程并不是那么容易完成的。

面对痛苦，我们人类会本能地选择逃避。婴儿通常在生命之初就具备一些在自己的心理空间去处理痛苦体验的方式：**分裂和投射**。

所谓分裂，就是将舒服的体验与不舒服的体验在内心做一个划分：舒服的是好的，不舒服的是坏的。

分裂之后，就把坏的体验投射给自己之外的某个客体（通常是养育者)。把舒服的体验感觉为来自好妈妈的照顾，相对应的自己是一个好的婴儿；把不舒服的部分感觉为是坏妈妈造成的，对应的是不被欢迎的坏自己。

这样，好和坏分开了，只要扔掉（投射）坏的，保留好的就可以缓解内心的痛苦体验了。

当然，在婴儿的内在过程中，不会像说的这么简单。

比如当婴儿内心健康分裂的能力不足时，就会把没有分裂干净的内容再分裂、再分裂、再分裂，一直分裂下去……

内在空间可能就会碎成片，甚至粉末，难以整合成一个整体。

而人格发展的目标，恰是整合：好坏共存于一体。

随着孩子的慢慢长大，他所经历的痛苦体验会越来越多。

如果他的养育者可以在情绪中有足够的抱持能力，抱持他因挫败而产生的痛苦体验，孩子就可以在养育者的帮助下，慢慢发展出耐受挫败体验的能力，从而学会面对伤害性情感。

比如当一个婴儿饿得哇哇哭时，妈妈抱起他来（关注到孩子的反应、回应孩子的情感)，一边轻轻抚摸婴儿，一边说“哦，宝宝饿了，宝宝现在想吃奶了”(命名痛苦体验、镜映孩子的感受)，然后母亲帮助婴儿找到乳头，并且低头看着他，与他不断交换着满是爱意的目光。

这时候孩子的情感就是被妈妈抱持的。

也就是说，当孩子经历痛苦体验时，妈妈传递给他的经验是：虽然痛苦，但你是安全的。我理解你的痛苦，也愿意帮助你度过这个痛苦，我会保护你。你要相信，痛苦是不会危及你的安全的。

孩子在这样反复发生的安全体验中慢慢就会发展出承受痛苦的能力。一个有能力承受痛苦的孩子，就会更有勇气去探索世界，从而也就更容易发展出更多的社会能力。

如果妈妈并不敏感，当孩子哭泣时，妈妈变得手忙脚乱，或者因为疲惫而对孩子很恼火。孩子就有可能从妈妈的情感中感受到自己是被拒绝，是难以获得安抚和帮助的。这可能会进一步唤醒婴儿的焦虑，他可能会将这样的过程感受为痛苦是被禁止的或是不允许表达的，从而就会对痛苦体验发展出更多的抗拒。

如果这样的情况发生太多或者太严重，对一个孩子来讲，就可能造成严重的创伤。当他长大后，可能就会因为对痛苦体验的恐惧而减少面对痛苦和修复创伤的勇气。而我们人格的成长，就是不断修复创伤的过程，也就是说，早年积累的这些情感体验可能会阻碍这个孩子的人格成长。

正是因为我们早年经历过这样的完全由照顾者来保证我们生命延续的阶段，所以我们每个人身体里都或多或少地残留着婴儿期的感觉：我的命运是被那些强大的人（理想化客体）掌控的，而我自己什么都做不了。

这个感觉又会催生很多期待：那个强大者应该给予我满足，他不应该让我感觉到痛苦；如果有痛苦，他就应该把痛苦拿走。

这个强大者，可能是任何代表权威的形象：国家、政府、工作单位、领导、行业权威、心理咨询师等等。

当这些人做了父母之后，他们也会对自己有“命运掌控者”的期待：我应该为孩子做好一切，否则我就是不合格的父母。

其实，这不过是他自己对于完美父母的期待在孩子身上的投射罢了。

一方面，没有人真的可能成为完美父母，所以他对自己的这个要求会不断地使他感受到挫败和内疚；另一方面，他对完美的期待也可能导致他对掌控感的强烈需要（无法忍受瑕疵与失控），从而促使他无法体验到孩子作为一个独立的个体可能具有独有的特征与需要。

在对完美的期待之下，他反而可能成为孩子的“暴君”。

某种程度上讲，我们心灵成长的目标之一，就是放弃对“完美父母”的期待，接受现实的不完美，接受痛苦永远是成长的伴随者这个现实。

但这个过程并不容易完成。因为成长的每一步，都伴随着失去的痛苦：我们出生时，失去了温暖的子宫；我们学走路时，渐渐失去了妈妈的怀抱；我们上幼儿园时，失去了与熟悉和安全的家庭的全天候相处……

反正我们不管拥有了什么，都会伴随着相应的失去。对失去的拒绝，是我们与命运抗衡的最主要的方式。于是很多人在寻找“捷径”，试图绕过成长的痛苦，直接到达幸福的彼岸，但现实却一次又一次地证明，这个捷径并不存在。反倒是绕开痛苦的同时也阻碍了成长。

成长与痛苦就像硬币的两面，当你拒绝其中一面时，另一面也跟着被丢掉了。

捷径一：都是父母的错

如果我们找到一个人能为我们的生命负责，他负责让我们成长，让我们舒服，让我们有成就，而我们只要等待着一切自动到来就好了，那真是再美好不过的事情。

当然，在我们婴儿期，我们真的曾经得到过这个美好，但是，随着我们长大，这个美好离我们越来越远。

但是很多人死死地抓住这个“曾经”，拒绝承受“长大也意味着失去婴儿的天堂”。

越无法放弃曾经，就越会感受到不被满足的痛苦体验，因为不管我们内心如何期待，外在世界都不会把我们永远当作婴儿对待。

在临床中，我看到过太多人被恨钳制。

他们就像被拴在木桩上的猫，父母就像木桩，恨就是连接他们与父母的绳索。他们无法鼓起勇气放弃“父母塑造我的命运”的想法。

他们一直期待着父母的改变带来他们的改变，甚至渴望着能够回到过去，改写历史，从而改写自己现在的命运。

他们无法在情感中意识到，自己早已不再是那个完全没有办法照顾自己的婴儿，无法意识到他们现在已经有能力书写自己的人生。

其实，如果他们把恨父母的力量调整一下方向，改变为“我为自己的命运负责”，可能他们的生活早已经获得了改变。

但是他们无法放弃父母是自己命运的掌控者的想法，也就无法从痛苦中释放自己。

捷径二：学习心理知识

他们学习大量的心理知识（从象征层面看，知识也可以是全能父母的象征），试图在学习这些知识后实现自己的成长，而不必经历那些情感中的冲突。实际上，这基本不会实现，因为真正促进我们人格发展的，不是知识层面的“知道”，而是情感层面的“理解”和抱持那些情感的“能力”。

事实上，促使一个人人格成长的，更多的是他的经历与体验，而不仅仅是头脑中的认知。

心理知识最能帮助一个人理解自己的时候，是当他有过深入的体验之后，这时，知识是可以帮助他获得更多的理解和确定感的。但如果缺少了自己情感中的体验，知识就只是知识，就像是堆进仓库的物品，而不是融入血液的营养。

当然，如果你一定要选择借助于学习心理知识来获得心理成长的话，请尽量去选择那些对情感有充分感受与理解的文章和书籍。

哪怕是去读有着丰富人性描写的经典小说，一些鸡汤短文（因为这样的内容都是感受性的）可能都比那些貌似是心理学（尤其是精神分析）知识，但其实只是知识的堆砌，甚至只是复制粘贴的文字要强很多。

因为复制粘贴很可能只是作者在处理他自己的某些焦虑，读者就很容易成为焦虑的承接者。而能帮助读者从知识中获得成长的，是对情感的理解，复制粘贴的文章恰恰缺少了情感处理的过程。

有人说，我读了很多书，知道了很多道理，但依然过不好这一生。

是的，单纯的道理确实不能带来好的人生。只有当那些道理整合为你自己人格中的成分时，它才能真正地帮助你。而这个整合的过程，是需要经过你自己的（爱的、恨的，好的、糟的）情感体验这条通道的，是经历过的体验带来了成长，而不是知识。

捷径三：回避面对

在成长过程中，我们每个人都会发展出各种各样的防御机制来处理痛苦体验。

当遇上痛苦体验时，有些人会采用否认（根本不存在痛苦）、压抑（感受不到痛苦发生）、投射（幸好是他不是我）、理智化（这样发生是有道理的）等方式来回避痛苦体验。

在心理咨询的过程中，处理这些防御机制是非常重要的工作。而将这些防御松动、柔化的过程，恰恰是那些真实的体验重新被唤醒、被感受到的过程，因为只有这样，才会看到那些防御如何起着作用。

这时候，咨询师的作用就像是有抱持功能的妈妈：创设一个安全的空间，在情感中抱持那些痛苦，陪伴来访者体验那些过程；来访者在体验中逐渐获得理解，并在理解的基础上逐渐发展出耐受的能力。

所以，心理咨询的过程也像成长的过程一样，是充满了各种考验与艰难体验的。

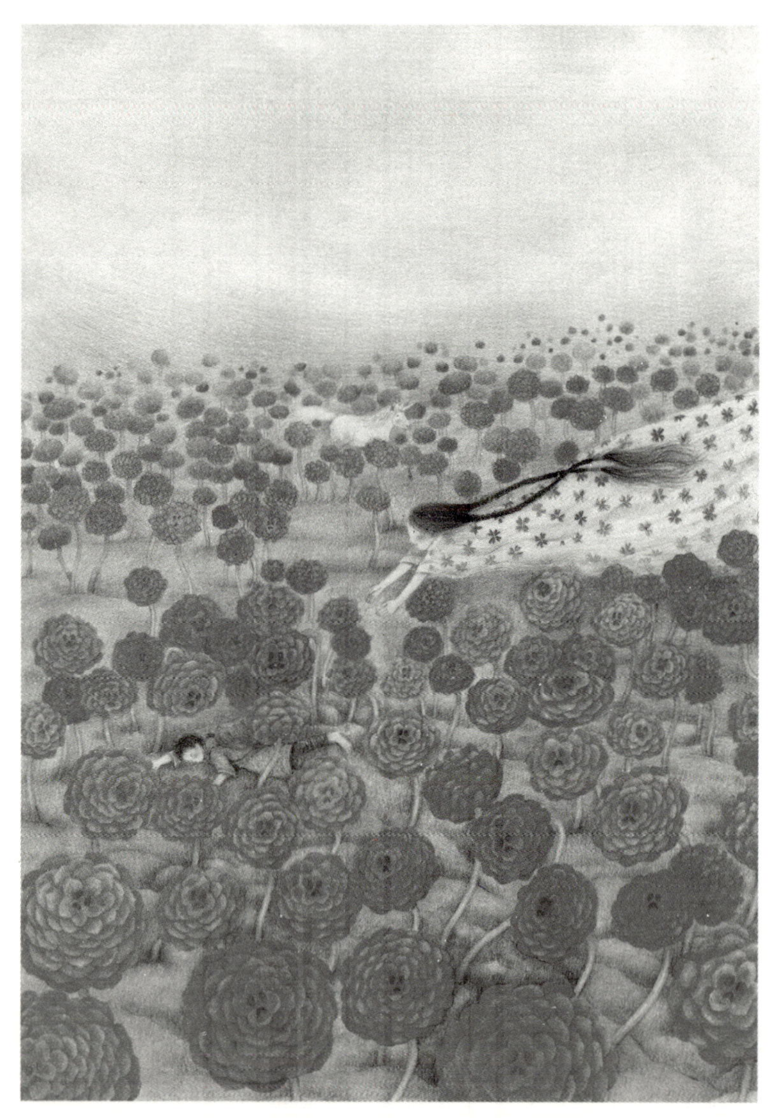

当一个社会的文化崇尚的是权力而不是能力，
是用伤害别人的方式确立自己的地位而不是彼此关怀与帮助时，
每一个人都有可能在丛林法则之下，
因为生存的需要而成为伤害别人的刽子手。

在不同温度中长大的人对于温暖的感受会非常不同，应对的方式也会非常不同。对于喜欢高温的人，稍微的远离都可能被他感受为忽略；对于习惯于低温的人，温度稍高都会吓到他。

4

PART

童年积累的人际经验决定了现在的关系模式

为什么痛苦的模式会重复？

在精神分析理论中，有一个词叫作“强迫性重复”，意思是说人倾向于不由自主地重复一些早年的创伤性体验，比如：曾经被羞辱的孩子，成年后会不断无意识地去创造曾经被羞辱的类似场景，然后会被再度羞辱；曾经因为妈妈抑郁而不能得到很好照顾的孩子，成年后会不断与受苦的女人交往，从而不断重复曾经需要照顾母亲时的那些体验等。

其实，没有人愿意让自己一直重复那些痛苦的体验，但是，如果没有他人帮助，自己又很难从那些体验中逃出来，这是因为以下的原因。

那些体验是熟悉的

即便那是让人痛苦的体验，但是因为它是熟悉的，因为熟悉可以带来安全感，所以我们还是愿意不断重复它。

对于那些可能更舒服的方式，我们理智上知道可能会更好些，但是因为在成长中没有积累起相关的经验，所以很难让自己去试一试新的方式。因为任何新的尝试，在我们内心都可能被体验为冒险。所以我们被限制在了旧有模式中，不断重复着不舒服的体验。

人倾向于以自己曾经体验到的模式去评估和感受现在的环境

举个例子。A 在成长中总是被父亲批评，他因此对父亲有很多的恐惧。在他长大后，可能就会对权威有类似对父亲那样的恐惧。所以，当他面对领导时可能会变得很紧张，生怕做错什么被批评，可是越紧张越可能会出错，于是真的导致了领导批评他。这就进一步验证了他最初对领导的恐惧：权威是可怕的。

其实，在很大程度上，这个结局的产生是他自己导致的。在精神分析里，这个过程叫作投射性认同。

有时候一些负面的情绪会带给自己一些特别的满足

再举个例子。B 在成长中一旦遇上困难，比如生病，就会吸引父母来照顾，他因而就可能学会了用让自己受苦的方式来吸引外界的关爱。也就是说，受苦成了他的某种资本，可以吸引别人关爱他，或是他就可以因自己在受苦而感觉具有某种特权，就可以责备他人等。

这是在婚姻中常常会发生的现象，比如女人为家付出了很多，后来男人出轨，女人历数男人的不是，却不知道她的付出背后可能有许多对男人的指责：你不如我能干，不如我负责。男人虽说不出什么，但这暗中流动的责备，可能恰是他出轨的一个原因。

某些痛苦的体验曾经带来过保护

孩子 C 被批评，他很伤心，于是减少了与别人的接触，从而帮助自己远离那些不舒服的体验。这在他成长中，至少在那一刻，对他是有保护意义的。但是随着年纪增长，这样的方式可能会让他的社会功能受损，于是给他带来新的苦恼，让他陷进新的不舒服的体验中，比如孤独感、缺乏合作能力等。如果他一直没有办法找到更有效、更有建设性的人际方式，可能就会不断陷在各种各样的苦恼里。

不断重复体验痛苦发生时的情景，也是我们内心处理痛苦的一个方式

不断重复的过程，其实也是一个不断试图改写的过程。

例如经历地震后的孩子，有时会看到他们不断把积木搭成高楼，再推倒它。这实际上就是他们将自己不断带回创伤情境，在不断重复中代谢恐惧、悲伤，并在不断的重建中重新找回控制感的过程。

若想改变上面的这些情况，需要做出很多努力。首先需要积累足够做出改变的勇气，因为任何改变对我们来说，可能都是一次冒险。

其次需要在改变中积累经验，哪怕是改变中的一点点经验，都可能让我们感受到改变并不像想象中那么可怕。这一点点成功的经验就可能带领我们再进行更多的探索，从而引发更多的改变，最终完成内在模式的重新塑造。自己会从旧有痛苦模式中解放出来，脱离那个痛苦的循环，从而完成对过去创伤的修复：用新的、更能适应的方式去生活。

与人共处：现在的关系，过去的经历

有一对年轻的小夫妻，打完架后跑过来找我，两个人都是一肚子委屈，都感觉是对方伤害了自己。因为女孩儿是我看着长大的，所以我对她的脾气很了解；男孩儿我接触不多，一直感觉他是个脾气不错的人，不知他这次为什么会动手打了妻子。问他们两个为什么打架，两人便你不让我、我不让你地倒起了苦水。

女孩儿说："我累了一天回家来，想给他做点儿好吃的，让他帮帮忙，他就说不愿意。每次都是这样，他在家什么都不干，我让他帮我他还跟我吵。"

男孩儿忍不住插嘴："我什么时候不帮忙啦？你让我帮忙就好好说，一上来就说我什么都不干，我干多少活你都说我不干，谁愿意听你天天说这个啊！"

看来，他们之间发生的事情，远不是他们表面上说的那么简单。这次打架，也是日积月累的结果。

对于女孩儿的成长过程，我是了解的。她从小生活在父母的争吵中，从小就与父母的关系很疏离，尤其是与妈妈的关系，简直可以用剑拔弩张来形容。后来她上大学离家，很多年不与家人联系。她的妈妈对她也是不闻不问，当有邻居问起来，她就说权当没有这个女儿。谁也不知道为什么她与女儿之间会有那么深的仇怨，只知道在她的眼里，女儿非常糟糕，尽管邻居们并不那样认为。

因为不了解男孩儿成长的环境，所以我问他，在他的家庭里有人会打架吗？这一问可不得了，说起他的成长史，也是鼻涕一把泪一把。他成长于一个贫穷的山村，在那里的家庭文化中，男人作为重劳力有着举足轻重的地位。他还有几个哥哥，从小在地里劳动。只有他，父母想要改换门庭，于是从小就不让他下地，只让他一门心思读书。其实他书读得并不好，所以哥哥们常因此笑话他。在这个拥有一堆男人而只有母亲一个女人的家庭里，母亲在家庭里是没有什么地位的，她要做所有家务，要照顾好所有的男人，所以她经常会累得直不起腰来。但是她不能改变什么，唯一的武器就是抱怨。

从小在这样的环境中长大的他，一方面忍受着妈妈的抱怨，另一方面忍受着哥哥们的奚落。父亲在家里有绝对的权威，只要他开口，别人是大气也不敢出一声的。

男孩儿一边说着自己长大的那个家，一边好像明白了什么，说："所以，我受不了她唠叨我。"这让我知道，男孩儿有很好的反思能力。但是女孩儿就不一样了，她看到男孩儿语气上有些松动，于是在气势上又涨了一层，不断诉说着男孩儿的不好。男孩儿几次气红了脸，想要争辩，但被我示意停下了。

我能看出来，男孩儿的争辩不会有用的，因为女孩儿似乎缺少一些去理解他的情感和他们之间关系的能力，她明显有激怒他的冲动，这远不是这个男孩儿对付得了的，她应该寻找心理专家帮助。

这是一场两个人之间的争执，但却是两个人内部世界的战争。

在这场战争中，我们无法简单地划分对与错。他们感觉是对方伤害了自己，因为在他们的感情世界里，那些感觉都是真实的。但是这场战争到底是如何点燃的呢？还需要我们一点点来理解。

女孩儿回到家，想做点儿好吃的，于是想让丈夫帮些忙，这个帮忙的需要就已经触动了丈夫的心理按钮：“做家务是女人的事情，我是男人，如果去做家务，是羞耻的。”

当女孩儿叫丈夫，但是丈夫没有回应时，就又触发了她的心理按钮：“我是被忽略的，没有人在乎我的感受，爸爸妈妈只忙着打架，妈妈一点儿都不喜欢我，所以她才不在乎我是不是需要帮忙。”

于是女孩儿开始生气，开始唠叨，这再度触发了丈夫的心理按钮：“所有人都嘲笑我，从来没有人尊重过我的感受！”

丈夫开始愤怒，以致于动手，就像当年他所看到的父亲的样了。女孩儿开始哭泣，一边哭一边更多地责骂丈夫，就像当年妈妈对她的态度。

如果，当然只是如果，如果他们两个人的成长经历不是那样的，那他们这场纷争的结果可能会完全不同。表面看起来是两个人的冲突，**背后其实是两个家族系统的冲突**。

在她们的婚姻中，还有一个特别之处：女孩儿大学毕业，有不错的工作，男孩儿只是临时工，收入远不如女孩儿稳定。这看起来与通常的婚姻结构有些不同，而这个不同的根源，恰是他们两个人成长过程中对于人际关系的感受。

男孩儿成长于一个被妈妈充分照顾的家庭，对于他来讲，被女性照顾是他习惯的，所以当他寻找到一个社会条件优于他的女性时，他就可以让自己一直享受着妈妈般的照顾，但是他又无法忍受妈妈般的唠叨，而这恰恰又是女孩儿表达愤怒的方式。

女孩儿从小生活在母亲的贬低之下，她内心对关系充满了恐惧，所以当她寻找恋人时，她下意识地寻找各方面条件都比她差一些的人，这样她就可以让自己摆脱被贬低的恐惧，同时她自己也可以成为那个用贬低对方来控制对方的人。她需要与一个不如她的人生活在一起，但这个不如她的人又是让她无法信任和依赖的，于是就会激起她另一方面的焦虑，她会对丈夫产生各种不满，这些不满会引发她对丈夫更多的贬低。

当然，当她贬低丈夫的时候，丈夫就承担了他们关系里的所有不好，她就可以把自己无法接受的、原本属于自己的不好一股脑儿投射给丈夫，她自己就可以处在好的位置上，来扭转在与父母的关系中自己一直处在的那个不好位置上的痛苦体验。而丈夫在接受了这些投射之后，愤怒越积越多，终有一天会大爆发。

其实，不仅夫妻关系里有这样的交互过程，所有人与人之间的关系，都是这样交互影响、交互推动的。关系进展得好与坏，从来不是哪一方造成的，而是双方共同参与的结果，包括孩子的成长。孩子的成长既与父母的养育相关，也与孩子理解和感受世界的方式相关，而不是单纯由于父母养育得好或不好。

当我们与人打交道的时候，我们内心存有各种各样的模板，这些模板来自我们的成长过程，来自我们与人打交道过程中的积累。这些积累中，最重要的是来自与家人相处的经验。我们把这些经验叫作内部客体关系。

当我们与人打交道的时候，我们会迅速调动之前的这些模板做对比，我们会自动选择与这些模板相关的情绪、感受、行为方式、应对模式来对待眼前的这些人和事。而对方也同样经历了这个过程，所以，有时候我们无法理解对方为什么以那么奇特的方式给我们回应。其实，他回应的不过是他内心所以为的那个人，与真实的我们关系并不大。当我们了解了这些后，至少我们可以明白，在人际关系中需要掌握这样几条原则：

1. 没有必须由一方负责的关系，关系一定是交互影响中产生的。

2. 当我们不能在关系中去理解人与事时，往往就会陷进我们的“以为”中去，而这个“以为”，有时候是与真实脱节的。

3. 每个人的关系模式背后都是一段历史，没有人能完全逃出历史的影响，但是我们可以更多地了解这些历史对我们的影响，并更好地管理自己的应对模式。

4. 在人际关系中，有一件非常重要的事情是一定要明白的，那就是往往我们给出了什么就会收回什么。给出去的是宽容友好，收获的就是温暖信任；给出去的是伤害和怒火，收获的往往是痛苦。

5. 有时候，我们被骂时，不必太当真，因为那些骂真正指向的对象其实与我们关系不大，我们不过是被借用了一下；当然，被夸赞也是如此。所以不必被外物所扰，第一要务是搞明白自己是谁，少被别人牵着走。

6. 健康的、爱的关系可以带来人格的成长。

与人共处：合适的温度

人际交往中，我们都期待可以被温暖地对待，但实际上，每个人对温暖的感受和耐受是非常不同的。

比如一个在热闹的大家庭中长大的人，有可能他习惯的温度是高温的、热情的，人与人之间充满了彼此关怀和照顾，甚至是彼此的边界会因照顾而被模糊；而一个在人际关系疏离的环境中长大的孩子，他可能更习惯的方式是自己照顾自己，甚至在某些时候，他可以不被别人看到，只是窝在自己的空间中，享受只属于自己的世界。

习惯于热闹的人，他可能无法忍受独处的寂寞；习惯于孤独的人，他又可能会恐惧于在人前展露自己。

如果这两种不同类型的人相遇，会发生什么呢？

有可能相互吸引，因为他们可以从对方身上感受到与自己不同的东西，那就像是自己身上失去的部分，他们可以从对方身上找回；也有可能会彼此厌烦，因为对方身上的这些东西，他们自己太不熟悉了，不熟悉就会让他们感觉嫉妒、失控或者无法应对，所以他们也想逃离不舒服的体验。

于是，冲突就这样发生了，既羡慕，想走近和拥有，又恐惧，想逃离和拒绝。

人生的痛苦，大多来自这样的冲突性体验。

在我们生活中，如果遇上这样对温度的期待完全不同的人，又该如何与之相处呢?

首先我们要知道，每个人的成长经历不同，对世界的理解不同，所以他与人相处的方式可能与我们完全不一样，不一样不代表是错的。

只有当我们意识到这件事时，我们才会有更多的心理空间去接纳别人的想法、做法。

这是非常重要的。很多父母与孩子之间的冲突就来源于他们无法允许对方成为他们原本的样子，当试图让对方变得与自己一样时，失望与冲突就产生了。

当我们有能力允许对方与我们不一样的时候，我们就要做接下来的第二件事，去理解对方的期待和需要是什么。

我们之所以要去适应对方，而不是要求对方适应我们，是因为要改变别人实在太困难了。

所以，如果我们想与别人建立关系，想去表达对对方的关心和爱护，我们就需要试着去理解和适应对方，而不是让他们顺应我们。

我们理解对方的方式，可以是询问，也可以是我们在与对方接触过程中感受对方，还可以是经验的积累。

只要我们可以抱着尊重和接纳的态度去与对方接触，我们就有机会搞明白他的需要。

当我们理解了对方的需要之后，最考验我们的部分就开始了：我该以什么样的方式、温度与对方相处？

在不同温度中长大的人对于温暖的感受会非常不同，应对的方式也会非常不同。

对于喜欢高温的人，稍微的远离都可能被他感受为忽略；对于习惯于低温的人，温度稍高都会吓到他。

比如一个从小在忽略和冷漠中长大的人，如果一下子得到太多的热情，那是会吓坏他的，因为他从来不知道这么高的温度应该怎么适应。

他可能会害怕被烫伤，如果他内心有一座冰山的话，也许温暖他的温度是1℃、2℃，只要可以让它慢慢融化就可以了。当然，他也可能对这个温度并不满意，会抱怨别人得到的温度为什么是60℃、70℃。但是，如果真的给他这个温度的时候，他可能会很快地逃跑。

所以，给别人温暖也并不是一件容易的事。

如果你真的爱他，就需要承受他的种种抱怨。当你自己可以坚定地温暖他，并不因他的抱怨而愤怒，也不会为了缓解自己的压力而照着他的话去改变自己坚定的态度时，他就可能在你的坚持中慢慢融化心中的冰。

如果你能持续给一个心有冰山的人 2℃的支持，早晚有一天，那冰山可以化作水。

但是如果你不得不给他 60℃的滚烫温度，他迅速融化的冰水可能会马上降低那些温度，并因为害怕而拒绝再度接触 60℃。此时对于他，热情远不如温水来得安全。

这就是为什么有时候当我们努力去善待一个人的时候，收到的却是一波又一波的愤怒。我们可能会觉得他不知好歹，可能会反过来对他有更强烈的愤怒。

可是，如果你了解温暖对他来讲是一件多么奢侈的事情，你就会知道，他的愤怒很可能并不是因为我们做错了什么，而是他害怕得到的这些太不真实，太容易失去。

所以，我们走近他的努力，会被他感知为“一大波危险正在靠近”。他的不可理喻，其实只是他的手足无措罢了。

而另外一部分人，同样可能是因为成长中情感的缺失，却发展出了完全相反的人际模式，他们需要的温度不是 60℃，而是 100℃。

100℃，那是会将人瞬间烫伤的，他们在成长过程中的痛苦体验似乎已经让自己的情感系统变得麻木，他们只有让自己身处这样的“水深火热”中，才能刺激自己的感受，才能感受到自己与他人之间存在着某种关系，否则他们就会将对方感受为完全忽略自己，会痛苦，会愤怒，会试图抓住对方不撒手。

面对他们，持续 100℃是不可能的，任谁也做不到如此，或者说再痴迷的恋情，也不可能长年累月地处在癫狂状态。

但是，如果爱一个人，持续给予他 40℃的温度，让他既可以感受到温暖，又不至于有太大的压力，我们还是可以做到的。

重要的是，我们可以持续、稳定地给予 40℃，那是帮助他习惯与适应这个温度的过程，也是帮助他重建他的内部感知，让他终于明白 40℃的温暖安全与 100℃的滚烫危险的过程。

所以，爱一个人，也是考验我们的耐心的过程。

不管是对恋人、亲人，还是朋友、子女，持续稳定的爱都是最大的财富。

除了上面谈到的这样一些极端的情况，在我们生活中，大部分人是具有健康的调节适应能力的。

当我们与他们相处时，并不是由我们单方面做出调整，他们也会努力适应我们的温度。

通常他们会在一个温暖舒服的温度中与我们相处，这个舒服的温度既有亲密，也有距离，不会亲密到 100℃，也不会疏远到 0℃。

这个舒服的温度大概是适应我们体温的，可以让我们感觉温暖，但不会被烫伤或冻伤。这个“舒服的温度”就是：相互尊重、相互体谅、相互接纳，在努力理解对方的基础上，给予对方充分的表达空间，并在尊重自己和对方的前提下，共同找到双方都能获得满足的可能。

与人共处：倾听的心灵

我曾经在“知乎圆桌”回答过一个问题：“家庭成员之间的沟通方法存在哪些常见的误区？”其中我提到了家庭中常见的一个现象是“说得太多，听得太少”。

其实，不仅是在家庭中，在社会生活的方方面面，太想让别人听到自己的声音而无法倾听别人，在人际关系中都可能成为一个破坏性元素。

当我们没有足够的倾听而又太急于表达时，在人际关系里，很容易陷入权力的争夺。虽然老话讲“有理不在声高”，但“声高”往往会被我们当作一个确立自己主权的方式。

当我们急于“被听到”时，也意味着我们对彼此关系的感受是不够安全的。我们担心对方不在乎自己，担心对方否定自己、欺压自己，担心自己在对方面前败下阵来，显得自己不如人，所以才努力要求对方认可我们的话语权。当双方陷进话语权的争夺时，太多情感和精力就被投入到了关注胜负，而忽略了更加重要的东西：通过沟通，达成理解。

在人际关系里，听，永远比说重要。因为听是理解对方的基础，也是建立信任关系的通道。对于很多人来说，仅仅是被听到，就能够非常好地释放压力。当然，我们这里说的听，是倾听，而不是只把耳朵摆在这里的应付差事。

当我们倾听的时候，我们要听的，除了表面的话语，更重要的是话语后面的情感、期待，对彼此关系的感受以及想象，等等。

这么说来，听也不是一件容易的事情。

当然，听比说要困难得多。

说，是一个往外输出的过程，我们常常可以看到焦虑的母亲不停地唠叨孩子，因为在说的过程中，她的焦虑就已经转移到了孩子那里，她自己就会在唠叨中感觉轻松些。但此时，在听妈妈唠叨的孩子，成为一个接收者，成为母亲焦虑的容器，他不得不把母亲的焦虑接过来、存起来，帮母亲承载她自己无法代谢的种种情绪。

这对孩子来讲，是非常艰巨的一个任务。但是基于在家庭中，父母拥有更高的话语权，而孩子自己的独立自我也尚未完全建立，所以他只能成为那个被动的接收者。

当他所接收到的这些情绪垃圾无法代谢时，他可能就会出现各种躯体症状或是行为问题，因为只有这样，他的情绪垃圾才能找到一个出口。

这就是为什么在一个家庭中，当孩子出现某些问题时，需要调整的是整个家庭。因为孩子很可能是在为家庭生病。

咨询师常常会给这样的家庭一个建议：全家人坐下来，认真听孩子讲一讲；父母只是听，不要做评论，也不要试图说服他；哪怕他说他想杀人放火，只要他不会行动，就不要阻止他说，因为那是他心里积压了太久的愤怒，他需要一双倾听的耳朵来帮助他承载。

对于有能力退后一步的父母，当他们真的开始倾听孩子的时候，孩子的症状往往也会随之减轻。

坐下来听，是建立安全关系的基础。

当我们真正坐下来听的时候，不仅要带着耳朵，还要带着心。我们用心听到的，不是声音，而是感情。感情是一种非常微妙的东西，我们只能借助于自己的情感体验来理解和确定它。

比如，当我们与一个人说话时，他可能告诉我们好久不见，非常想念我们，可是我们内心感受到的却是他好像有什么急事，要忙着离开。此时，我们的感觉会比他的语言更可靠：他并不想与我们待在一起。

这是因为，语言是一种可以经过意识修饰的东西，它是可以与内心真实的想法不一致的。但是，一些非语言信息，因为没有经过意识的管理，往往更接近潜意识，更接近真实。而我们的情感感受系统会非常敏感地捕捉这些非语言信息，它是非常强大的接近潜意识的途径，所以我们的感受会带领我们去领会对方的情感系统。

当我们在与对方的交谈中敏感捕捉到自己的情感体验之后，我们还需要去理解和管理这些情感。理解是因为我们需要借助这些情感体验去了解对方在语言表达中的需求；管理是因为很多时候我们不能因为感受到的情感就做出行动，而是要在体验到这些情感之后先去理解对方真正的动力是什么，然后再选择如何应对。否则，同样有可能带来伤害性影响。

比如在心理咨询中，常常可能遇到这样的情况：一个来访者不断抱怨咨询师没有共情能力，不是好的咨询师；不断说另外一位咨询师有多么好，因为那位咨询师收的费用低；或者不断谈到自己的收入多么高，而咨询师才收这么低的费用，一定是能力不够；等等。面对这样的贬低，咨询师会感觉生气是非常正常的。

但是，如果咨询师此时因为生气而还击的话，很可能就陷进了来访者之前的人际模式。那对来访者来讲，有可能造成伤害，因为他之前学会的人际模式很可能就是用贬低的方式激怒对方。

这样的方式会不断让他在人际关系中受挫，越受挫越失去对他人的信任，进而可能会破坏越多的人际关系。

而能够帮助他改善这种不健康方式的途径是，咨询师要帮助他理解自己的这个模式，并提供给他不一样的、更安全的体验，这样他才能在一种健康体验的积累中慢慢改善自己。

咨询师能够提供更安全体验的前提是咨询师在感受到自己生气之后，并没有被自己的愤怒所控，而是顺着愤怒这个线索，去理解来访者的内心世界，并在理解的基础上做出反应：解释他与咨询师之间的这个情感交换过程，帮助他理解自己在日常生活中是怎样破坏关系的。咨询师的这个处理过程，就是用心灵去倾听的过程。

如果用心灵去倾听，咨询师会听到什么呢？

基于咨询师对于来访者成长经历和内心世界的了解，可能会听到许多内容：我害怕在你面前是无足轻重的，所以我要贬低你来让自己感觉到平衡，来让我感觉有资格坐在你的面前；从来没有人喜欢我，所有人都在贬低我，我希望你知道那是什么样的感觉，所以我也要贬低你，让你知道我曾经历过什么；我害怕自己是不好的，因为我不好就会被抛弃，我无法忍受自己身上存在不好，所以我要把这些不好通通扔到你的身上去，当你是那个糟糕的人时，我就会感觉更安全；如果你也是那个不好的人，那你就不会看不起我了，因为我是如此糟糕，好人是不屑跟我在一起的；从来没有人对我好过，我觉得你也会像以前伤害过我的人一样糟糕；从来没有人喜欢过我，也许你也是，如果我不管怎么贬低你，你都不会伤害我的话，我就愿意相信你……

当咨询师能够沿着自己的生气，懂得来访者内心如此深重的痛苦之后，再面对眼前的这个人，就不再是生气，而是理解、悲悯，并努力提供帮助了。

其实在日常生活里，与人共处的时候，我们同样会经历这样的过程。当一个孩子向父母发脾气的时候，当恋人突然变得躁动不安的时候，当上司不可理喻的时候，可能都是他们内心在经历脆弱时刻。

如果我们能让自己静下来，听一听他们内心的声音，那么生活里就会少很多冲突。特别是在成长中的孩子，这个过程尤其重要。因为父母的理解和接纳、倾听和尊重是他们发展自尊的温床，当他们被听到得越充分时，他们的自我发展会越健康，他们也越有能力独立思考，他们的各方面功能也就被开发得越全面。

对于使人痛苦的关系，有一个选择叫“放弃”

在我们的文化中，就像“宁拆十座庙，不拆一桩婚”的信条一样，我们对人际关系的处理，往往会更倾向于劝合，劝人花力气去改善，而很少有人会劝人放弃。但有时候，放弃也许是比坚持更健康的选择，就像是健康的离婚对于双方、孩子的保护有可能远远大过维持糟糕的婚姻。

对于婚姻治疗师来说，有一种帮助叫作“帮助双方更好地离婚”，但是生活中却少有人帮助我们“更好地放弃”。

放弃一段关系不是一件容易的事情。身处糟糕关系中的人，有时很难清晰地区分到底是哪里出了问题，到底是不是对方做了错的事情，自己所处的这个痛苦的关系到底有没有改善的可能。如果使自己感觉痛苦的是亲人、重要的朋友、老师、上级等，我们就会更加难以取舍。为了帮助自己在感觉中轻松一点儿，也就很容易动用“否认”“压抑”“理智化”等方式拒绝面对关系中的痛苦。

这些方式有可能帮助我们获得暂时的轻松，但实际上，如果不被识别、拒绝的话，关系中存在的伤害有可能会一直持续发生。而这对一个人的影响，有可能是非常严重的。

我们不得不面对的一个现实是，那些生活在我们身边的人，很多人格中的确存在多种病理性组织。可以这样说，我们每一个人的人格中都存在着精神病性的人格组织，这些组织与健康组织比邻而居，只不过是一个成年人通常在长大的过程中慢慢学会了适应社会化的要求，可以管理那些病理性的部分。

但是一旦经历某种特定的刺激，那些病理性的部分就会被激活，这个人就有可能伤人伤己。不过他们这种糟糕的状态并不是常态，这是大部分人所具有的状态（神经症水平）。同时，也的确有一部分人，他们人格中的病理性组织占有很大比重，身上的确有使人痛不欲生的能力，但是他们同时可能也有非常强大的能力让对方相信，出了问题的是对方、是别人，而不是他自己（人格障碍水平），这是普通人最难识别和区分的人群。至于达到精神病水平的人，因为太偏离常态，对普通人而言，反而是容易识别的。

这是我们不得不正视的一个现实：在生活的某些时候，伤害是一种真实的存在。之所以要强调伤害是真实存在的，是因为很多人一直试图用回避伤害的真实存在来营造一些和平的幻境，以此来回避被伤害后的痛苦，也避免因为要拒绝伤害而有可能引发的冲突，比如“他是我的亲人，不可能伤害我，他只是好心办了坏事”。

也许，这样的安慰可以使当事人尽量少地感受到被伤害的痛苦，但是这样的方式有一个很大的坏处，就是被伤害的人得不到保护，伤害的影响有可能会持续终身。

我曾听到一个人说："我知道你被伤害了，那你为什么不去努力改善，让对方善待你，而是要选择放弃呢？放弃是你的无能！"

但事实有时候恰恰相反，放弃比坚持可能需要更大的勇气，更强的定力。因为当一个人最终放弃一段关系时，至少需要具备很重要的一些能力：识别伤害的能力、区分痛苦制造者的能力、相信自己的能力、忍受孤独的能力等。

识别伤害的能力。对于一直生活于控制、虐待之下的人来说，意识到自己被伤害不是一件容易的事。在我的临床工作中，常遇到的情况就是来访者只能报告"感觉很痛苦"，责备常常会指向自己。当我将他那些痛苦的经历命名，告诉他，他曾经历的过程是一种虐待时，往往会引发他非常惊讶的表情，或者是非常强烈的抗拒。

这实际上在虐待关系中是非常常见的。施虐者往往会歪曲事实，将自己的伤害性行为描述成是为了被虐待的人好。这就会在被虐待的人内心引起混乱，尤其是很小就被虐待的孩子，他们直到长大后也无法区分到底是自己被伤害了，还是自己不够好。一个人如果无法区分自己是不是被伤害了，也就不知道自己有没有保护自己的权利，其他的就更无从谈起了。

区分痛苦制造者的能力。一个从小生活在自己的感受被否定的环境中的人，即便是长大之后，也很难信任自己的真实感觉。一个从小就被告知"都是你不好，所以我才打你"的孩子，长大后很容易相信自己的所有痛苦都是因为自己不够好，而那些伤害者都是对的。一个人如果无法识别对方的伤害行为，对伤害行为的拒绝也就无从谈起。而一味地忍受伤害的结果，很可能会是将所有的攻击指向自己，而付出躯体疾病的代价。

相信自己的能力。这其实与前面两个能力是相关的。很多时候，尽管我们拥有了足够独立的自我功能，也有能力区分对方的伤害行为，但支持自己对伤害行为做出拒绝也不是一件容易的事。因为施虐的人不会那么容易放手，他们会做出加倍的努力，将被虐待者拉回到原来的轨道上去。

施虐者有可能会用很多道貌岸然的指责来控制试图摆脱伤害的人，除非被伤害的人对自己有非常充分的信任（实际上生活在被虐待之下的人非常难拥有这个能力），相信自己拒绝对方的伤害是正确的选择，否则，很容易被对方的指责所控制，让自己深感内疚或者自责，而重新回到过去的轨道。

虐待的本质就是绝对的控制，所以当被虐待的人开始发展出自信与独立的能力时，也会强烈地激怒施虐者，施虐者会试图用加倍的暴戾重新找回控制感。所以被伤害的人如果不能够充分地信任自己，是很容易被对方重新控制的。

忍受孤独的能力。在病态的环境（不管是工作环境还是家族环境）中最先觉醒的那个人是要承受非常大的压力的。因为当每一个人都在施虐、受虐的轨道上运转时，如果一个人突然醒来说“这不对”，不但会激怒施虐者，也会激活轨道中其他人强烈的焦虑——闭上眼睛还可以哄骗自己天下太平，你现在非要让他睁开眼看到真实的危险，他会非常难以忍受的。

所以，那个最早醒来的人，需要忍受孤军奋战的艰难，要与非常强大的惯性去抗衡，那是非常艰难的。对于一个病理性的家族运转来说，也许要经过几代人的努力才会有所改观，而最早觉醒的那个人，就有可能被判定为家族的叛徒或者罪人而被多方打击。

当然，此时尤其重要的是，如果一个人与这样强大的惯性无法抗衡的时候，还可以选择放弃，独自离开那条病态的轨道，这样至少可以保护自己的后代减少被病态所污染，也就是减少病态的代际传承。

当然，我前面谈到的这些都是基于一个假设，就是要放弃伤害性关系的这个人，是人格足够健康的人。如果这个人本身就是有非常多的偏执、自恋人格组织的话，他很可能感觉所有坏都存在于别人身上，那就无从谈起前面说到的这些了。

那就首先要接受治疗，待逐步发展出具有现实性感受以及与他人相处的能力之后，才有可能去完成前面谈到的这些功课。

如何理解家庭生活中的“边界”？

每个人作为一个独立的个体，都是有边界的。身体的边界就是我们的皮肤，皮肤之内是我们自己，皮肤之外是我们所处的世界。我们既存在于世界之中，又可以有完全只属于我们自己的身体。因为这个物理性的边界是非常清晰可见的存在，所以我们可以很方便地判断我们的身体边界是不是被侵犯。但是除了这样的物理边界之外，我们人类还有一个心理的边界，这个边界同样保证了每个个体可以作为一个独立的人存在。

每个人都拥有独立的生活、思想、情感等，每个人都有选择自己感知世界的角度的权利；清晰的心理边界也意味着有能力区分内在现实与外在现实，也就有能力区分“我认为是那样的”和“现实情况是那样的”之间的区别。但是因为这个心理边界看不见摸不着，所以常常被忽略。不过，当我们的边界被入侵时，我们是可以感受到的。

比如，当上司要求你帮他做家务时，你会感觉到自己被安排了超出工作范围的事，会感觉不舒服。这听起来像是一个笑话，但是我的确见过这样的老板，他叫司机帮他接送妻子、送孩子去幼儿园，叫财务人员帮他买很私人的物品，叫员工加班给他家搞卫生却感觉是天经地义的，等等。

很明显，他混淆了工作与生活的边界，混淆的来源，就是他的心理内部缺少自己与他人的边界、工作与生活的边界、老板与主人的边界等等。

心理边界的缺失，会导致许多关系的混乱，上面提到的老板，看起来混淆的是工作与生活关系，但其实混淆的远不止这些。首先，他的管理一定是混乱的。当一个管理者无法区分工作与生活的边界时，他也就无法区分自己和员工各自应该担负的责任和义务，管理自然会变成一团乱麻。其次，他手下的员工内心会是崩溃的。因为他的内心缺少心理边界，导致他在人际关系中无法健康地感受你是你、我是我，所有的期待、情绪、责任都搅和在一起，分不清到底归属于谁，所以，他也就缺少尊重他人独立于他的能力。在他的世界里，每个人都是混在一起的，大家应该有相同的想法、行为、情感等。这就像是每个人都是另一个人的一条胳膊、一条腿，每个人都可以任意驱使别人，而别人有不一样的想法、情感是无法被接受的。因为他认为，在他的世界里“怎么可能有一个具有与我不一样的思想，不一样的情感的人”！而他作为老板，就更会感受为其他人都是理所当然为满足他而存在的。在这样的环境中生存，员工的内心有多么痛苦就可以想象了。再次，这个老板注定是要承受种种挫败感的。因为他缺少心理边界，导致他无法对世界产生现实性的认知，但世界不会以他期待的方式运转，所以他的混乱一定会在生活中常常碰壁。糟糕的是，他碰壁之后都不知道问题出在哪里，他无法理解是自己的功能有问题，而是感受为世界在苛待他。

而在家庭中所发生的边界不清，与工作中是类似的：父母不敲门就闯进青春期孩子的房间，因为“连你都是我的，你还有什么可背着我的”？父母缺少心理边界导致孩子的愤怒无处排解，孩子的独立需要无法获得承认，待到孩子成人后，就有可能成为一个缺少独立能力又易入侵他人空间的人。

寡母自己带大的儿子结婚了，母亲一定要一起住，而且时时给儿子搓个背啥的。看起来是母子情深，实际上母亲已经入侵了小家庭的生活。孩子结婚后，夫妻就已经重新组成了一个核心家庭，父母是要退到外围空间的，这种结构的家庭才能获得健康发展。如果母亲涉入儿子生活过深，必然会影响到核心家庭的运转。

家庭聚会时，某个好心的家庭成员不断把自己认为好吃的饭菜夹给“左邻右舍”。如果接受的人并不喜欢这些菜，自然就会感觉到负担，何况“被夹菜”在感觉到被照顾的同时，其实也会有被控制的感觉，但一切发生在被照顾的表象之下，这可能又让当事人非常难以拒绝，不舒服只能压在心里。为了避免此种情况再度发生，他可能会选择回避下一次聚会。

青春期的孩子开始对异性充满好奇，开始发展与异性的亲密情感。父母于是开始焦虑，感觉如果不好好控制，孩子会出现各种危险，这就是无法区分幻想与现实。父母的恐惧除了来自文化中对性的禁忌，还有可能来自父母成长中未解决的冲突：自己的青春期就是受限的，或者自己的青春期冲突尚未解决，等等。当父母试图去控制孩子时，其实也有可能是借助于控制孩子来控制自己早年的冲突。

家庭中的边界不清很多时候是在“爱”的幌子下发生的，明明是将自己的喜好、期待等加诸别人身上，还要扣上一个“为了你好”的帽子：父母逼孩子学习是“为了你好”，其实缓解的可能是自己对未来的不确定的焦虑；阻止家庭成员做出某个新的尝试是“为了你好”，其实可能只是将自己无力的部分投射给对方，这个投射本身可能就限制了对方的能力；不断地传授自己的人生经验给对方是“为了你好”，其实这可能恰恰阻碍了对方真实地面对世界；等等。

总之，当一个家庭中的成员缺少心理边界时，就有可能理所当然地入侵他人的心理空间。被入侵的人为了保护自己，也会做出种种反抗，于是明里暗里就会有很多的冲突发生。

在这种情况下，的确是无法建立起真正的亲密关系的。因为真正的亲密关系，是建立在彼此尊重的基础上的。只有彼此尊重的独立，才有可能允许彼此的独特性、差异性自由存在，这样的关系才能使彼此都舒服。只有彼此都舒服的情况下，真实的亲密才会发生。

我该如何对待他?

我常常会在邮箱中收到一些陌生人的信息，他们会跟我讲他们身边一些人的基本情况，然后附上一句：“那我该怎么办？我该怎么对他？”

说实话，我也不知道该怎么办、该怎么对他，这是真的。

在我没有接触到那个人的情况下，在我没有参与他们之间互动的前提下，我不知道他们之间到底发生了什么，也不知道他们是怎样的人。

即便是对于常年从事临床心理咨询的人，也不可能仅仅凭借一段话的介绍就知道他所说的那个人怎么了，那个人内心在经历什么，那个人的人格发展、社会功能、自恋水平、内部关系模式等到底是什么样的，不知道就无从谈起如何应对。

对于只是了解了一些心理学理论而从没有深刻感受过人与人之间那些可以说是惊心动魄的交互影响的普通人，甚至心理学理论都没接触过的人，我怎么可能有能力凭几个建议就让他学会在人际关系中游刃有余呢？

当然，如果真有什么绝招让我们获得这种游刃有余，那将是非常节约情绪资源的。可惜，至少到目前为止，这个绝招还没有出现。

我记得自己还在学习的时候，曾有一次，我们同道与一位老师聊天，说到未来的学习之路怎么走才更顺。当时老师告诫我们几个，要学“细”，而不是继续大的框架性的课程。当时我中德班才刚毕业，个人督导仅仅是开始，还不明白这个“细”字到底是什么。

后来的学习中我才慢慢明白了，细，对于理解人性是非常重要的。因为人是如此复杂，又是如此各不相同，没有哪个框架可以把一个人或是一类人全部搞定。

我们要去真正理解一个人的内在世界，就需要有能力透过各种细微的差别了解他与别人的不同，正因为有这些不同，才需要有各种不同的应对方式。

其实每个人都是各种各样模板的组合，这些巨量的模板排列组合下来，造就了每个人的不同。所以，对于不同的人，是不太可能找到相同的应对模式的。更何况人与人之间的交往是一个相互激发的过程，这个过程本身就时时产生着新的关系元素。

“我”不可能简单地教会你如何与“他”交往，因为“我”与“他”的关系是基于我们的互动所产生的，但是因为“我”与“你”是不同的，所以“你”与“他”的互动中产生的内容也一定是跟

“我”与“他”不同的，那么“我”的方式“你”未必能照搬过去。

其实说白了，如何去处理人际互动，是需要基于对人性和情感的感受去创造而不是照搬的。当然，模仿也是可以的。

我们常说心理咨询师其实是艺术家，在与每一个来访者的互动中都在创造一些不同的互动方式。是的，那的确是一个创造的过程，当然，是一个有时会感觉艰难的创造过程。

这个创造过程并不是无章可循的。对于单一的表达方式，是可以找到很好用的应对方式的，比如对于精神变态（反社会人格）的人，减少共情性语言，避免被他感受为软弱不可信，保持开放但不妥协的态度会让他感觉到安全；对于自恋型抑郁的人，要保护好他的自尊，并尽量帮助他面对现实等。

但是，人从来不会按照某个模板生长和发展，所以，当我们真正与一个人打交道时，这个过程就会变得复杂得多。

不过，在这个复杂的过程中，同样有一些通用的原则可选，这些原则虽不能让我们在与对方的关系里游刃有余，但至少可以推动关系朝着健康和安全发展。

共情永远是关系的底色。共情，简单点儿说就是感同身受。当一个学走路的孩子摔了一跤，妈妈抱起他说：“宝宝疼不疼？”这就是共情，因为妈妈感受到摔了会痛，所以会问宝宝疼不疼。如果妈妈说“男子汉，不哭”呢？孩子有可能感受到的是情感被剥夺，于是可能会在痛上加上恐惧和失望感，哭得更加厉害，或者因为害怕被妈妈不喜欢而不再哭。

但不管怎样的表达，对这个孩子来说，都可能埋下了一颗伤害的种子：拒绝情感或是不敢真实表达情感。情感的缺损是一个人各方面能力无法正常发挥的重要来源（潜能受限）。

所以，**共情在人际间是非常重要的，那意味着可以被另外一个人理解并接纳，这实在是非常美好的体验**。但同时，共情并不等同于给温暖、给满足，有时候，那同样意味着剥夺。

比如，一个从小被父母很好照顾、所有的困难父母几乎都努力帮助他解决掉的孩子，其成长过程中几乎没有遇上什么挫折。在他长大后，会遇上什么呢？以为这个世界只有风和日丽，没有疾风骤雨。

这虽是一个美好的感受，却是远远脱离真实的。这个孩子在真实的社会中难免会碰壁，而此时再重新学习与适应这个世界的真实，比小时候就痛苦得多了。

在人际交往中，我们也是如此。共情是努力去理解对方，但并不是因为害怕使对方不舒服而回避真实的情感。温暖是重要的，但是其他的情感，如生气、失望、内疚、恨、愤怒等，同样是重要的。

我们要共情对方，也要共情自己，既努力理解对方的情感世界，也接纳自己的情感世界，并以自己真实的情感投入到与对方的关系中，而不是只以舒服的情感投入与对方的关系中。真实，永远是比舒服重要得多的事。

接纳、理解、信任、尊重的态度是基础。在人际互动中，我们常常会感觉对方不可理解，不知道他们为什么会有那么奇怪的想法，有时我们试图去改变他们，去教会他们我们自己感觉正确的事情。可是当我们试图做这些努力时，对方可能已经感觉到了被伤害，因为那会让他们感觉没有被听到、被理解、被接纳。

在我的工作中，常常遇到这样的情况：不管我说什么，来访者都会认为我在否定他，在说他不好；如果我什么都不说，又会被认为忽略他、冷落他或是没有能力保护他。

究其原因，往往是在他的成长中，缺少一双倾听的耳朵，所以他自己的想法很难被承认，他所有不同的想法都被判定为“错”；当他长大后，他也会用同样的方式对待别人。

当他真正被倾听时，他依然担心自己处于时时被审视、被评判的境况下，他无法相信此时有人是真的想听到他的。对于“被倾听”这种对他来说很陌生的体验，他的内心会被唤醒强烈的焦虑。

为了处理这些焦虑，他可能会选择质疑或是挑战咨询师。而此时对于咨询师来讲，就不仅需要听到他说的话，还要听到他的焦虑，听到他挑战背后的担忧和恐惧。

所以，在人际关系中，听是比说重要得多的一种过程。不仅需要听到话语，更需要听到情感、需求、内心对关系的感受。

在生活中，我们能听到对方的前提是需要尊重对方的想法、行为，接纳他作为一个独立的人与我们的各种不同。只有当我们真正地尊重他时，才能赢得他的信任，在彼此信任的前提下，彼此倾听和理解。

温暖而坚定的支持。这是一件大家都容易理解却不容易做到的事。提供温暖的话，温暖到几度才合适？那是需要因人而异的。

比如对于一个从小在被忽略和受冷漠中长大的人，如果一下子得到太多的热情，那会吓坏他的，因为他从来不知道这么高的温度应该怎么适应。温暖的支持需要内心的强大作为支点。

比如，当一个妈妈对未来生活的艰难感到非常焦虑时，她可能会把自己的焦虑传递给孩子，要求孩子努力学习，放弃生活中的诸多乐趣等。所以，当孩子去读小说、交朋友时，妈妈就无法发自内心地支持孩子发展这些对未来可能有重要意义的能力。妈妈能够温暖、支持孩子的前提是，妈妈内心有足够的安全感，不怕未来生活的压力；有足够的信任感，信任孩子有能力过好自己的生活；有足够清晰的心理边界，可以区分自己的人生和孩子的人生是各自的事；有足够的自尊；有足够的定力去面对失败等的可能。

所以，当我们很想去帮助别人时，先要做的，其实是提升自己。当自己有足够帮助他人的能力时，才能真的帮助对方，而不是在看起来是帮助的表象下，进行限制和伤害。这就是为什么父母对孩子最好的养育是过好自己的生活。

那些让人感觉舒服的人是怎样炼成的？

尊重我们身边的每一个人，是一种相当高功能的能力。之所以说这是一种高功能的能力，是因为尊重背后，既有对生命的敬畏，也有谦卑。当我们能够谦卑的时候，至少已经具有了足够的自我接纳功能，我们可以接纳自己的不足，也可以欣赏他人的优点；可以敬畏自然的伟大，也可坦然接纳自己的平凡。正是因为我们有能力接纳自己，才有能力欣赏他人。我们不必因为感觉自己不如别人而痛苦，而尊重的能力，就来源于此。这里面包含的是爱、信任、接纳等人生重要的成长能源。

当我们越来越多地动用怒气来感受自己的存在，来保证我们内心体验到安全时，我们失去的却是与人为善和享受生活的能力。

当内心感觉不够安全的时候，我们就需要一个通道来释放这些不安，而愤怒，就是一种可以让我们感受到自己很有力量的方式。当我们用愤怒转移自己的不安时，这些愤怒往往会投注到那些比我们更弱的人身上，他们更加缺少处理这些愤怒的通道，伤害感可能会以各种方式向其他地方蔓延，比如敌视有社会地位和掌握某种资源的人。

当这些敌意在社会中逐渐蔓延的时候，所有的伤害体验最终都会回到我们自己身上，因为我们是这个社会的一分子，我们给出去的一切，不管绕多大的圈子，最终还是会回到自己身上。或者说，停止伤害，发展整个社会的信任能力，其实是与我们每一个人都相关的事情。

“冤冤相报”是怎么来的

在社会生活中，恐怕没有多少人喜欢与以势压人的人待在一起，没人喜欢那些不能尊重我们的人。可是很多时候，我们可能正在将自己变成那样不受欢迎的人。

我们明明不喜欢那样的人，却让自己变成那样的人，这难道不是很可笑的事情吗？

其实并不可笑，因为这就是人性。很多人都有这样的体验：自己最不喜欢父母的地方，到最后却与父母最相像。这是因为越让我们感觉痛苦的地方，我们会花越多的精力在上面，以防止自己被伤害。我们花的精力越多，从中吸收的就越多，吸收到的这些最终会成为自己的一部分。

这个过程，就是内化：经过内摄（吸收），再认同（成为它）。当我们内化了这些伤害性的内容后，往往会动用它来防止自己被伤害。但事实往往又相反，真要是成为欺压他人的人，最后受苦的人一定是我们自己。因为欺压的行为不过是为了缓解我们内心的脆弱无力感，不过是为了阻止我们对被欺压的恐惧，不过是安全感的不足。欺压他人的结果，只会唤起对方的愤怒与反抗，最终造成关系的破坏。

一个在被欺负中长大的孩子，最终可能学会用欺负他人的方式与人交往；一个从来没有获得过尊重的孩子，又很难学会去尊重他人；一个在恐惧中长大的孩子，成年后可能时时戒备他人，处处与人为敌；一个从小被剥夺的孩子，可能成年后就像一个吸血鬼，感觉全世界都欠他的，期待能把属于别人的好东西都据为己有。

当因为不适应现实的生活而找咨询师求助时，他们往往会说："我感觉自己被他们伤害了！"是的，这些人的确曾被伤害，但是这些伤害也让他们学会了去伤害别人，然后他们制造的伤害又带给自己更多的被伤害，这就是"冤冤相报"了吧。

让人感觉舒服的人是无争的

其实，我们身边并不缺乏让人感觉舒服的人，只是那些让人感觉舒服的人的身上具有什么样的特质，我们并没有特别认真地想过——他们往往是谦卑的人，这种谦卑是发自心底地敬畏人、敬畏生命，而不是故意做出来的。自然的谦卑与做出来的谦卑会很不同，做出来的谦卑往往并不让人舒服，因为如果不是内在世界已经真正发展出了谦卑与敬畏的能力，这个人实际上是不会真正坦然面对世事的。

谦卑的人有一个很明显的特征：无争。这个无争并不是不思进取，而是不给他人造成压力和威胁。面对伤害，他们有能力置之一笑，淡然处之，然后去做自己的事情，并不与施加伤害的人过多纠缠。这其实是对施害者最有力的反击，也是对自己最好的保护，但又不必无谓地消耗什么能量，这其实是安全感的体现。

若要有如此胸怀，是需要些定力的。是的，我认为那是一种胸怀。一个内心狭隘的人，一个满怀恐惧的人，是做不到无争的。能够与人无争，与世无争，至少需要做到：信任自己，信任他人。若不信任自己，怎么能相信伤害可以被化解？于是少不了要去争战。若不信任他人，怎么能以善良之心去与人相处？于是少不了戒备和敌意。

信任是多么奢侈的一件珍宝。一个人，可以建立起信任的能力，至少证明他曾经真真切切地被善待过。所以我们就可以理解，为什么能够坦荡面对惨淡人生的人，往往是内心富足的人。一个人只有真切地感受到被满足，才能放下抗争与攫取的冲动，才能发展出接纳伤害感的能力，才能坦然面对伤害而不躁不怒。

停下来，去发展新的可能

这似乎是一个悖论：没有被爱过，如何去爱他人？没有能力去爱他人，又如何得到爱？是的，这的确是一个怪圈。能让我们走出这个怪圈的，是停下来，去发展新的可能。停下来，在感觉中是一场冒险，但是所有的改善都是从这场冒险开始的。

如果你的童年并没有在父母的帮助下建立起良好的安全感，现在你就可以从尝试一些与过去不同的方式开始，帮助自己重建安全体验，比如善待生命中的每一次相遇。当你付出的爱越多时，你收获的爱也会越多。任何新的、有益的尝试都可以给你带来与之前不同的体验。这些体验就像滴进清水里的墨汁，会逐渐蔓延开来，帮助你积累越来越多的新经验，直到你可以发展出对自己、对他人足够多的信任，可以更自由地在这个世界上生活。

能够接受自己的平凡

谦卑的人还有另一个重要特征：接受自己的平凡。他不会在人前争强，因为他不再需要借助他人的肯定来肯定自己，他清楚地知道自己是谁，并且喜欢这个平凡的自己。因此，他可以谦卑，可以为自己而活，这其实是高自尊。一个高自尊的人，往往可以真诚地欣赏他人的美好，因为他不会因为别人拥有比自己更多的美好而感觉痛苦；他也可以让自己成为背景来衬托他人在聚光灯下的艳影，因为他知道对方好并不代表自己不好。这就是清晰的心理边界。

谦卑的人因为可以放下种种在人前展现自己的桎梏，所以可以更自由地接触这个世界。他们往往更有创造的能力、学习的能力，也有更好的人际关系处理能力。

是的，谦卑的人其实是人格更健康的人。当我们有能力让自己的人格更健康时，我们的生活就会更加自由。所以，在我们生命最好的年纪，我们要学会谦卑，这样我们的生活会变得更加美好。而我们生命中最好的年纪，就是现在，从现在这一刻开始学习，永远不嫌晚，永远有希望！

这个世界上有好，有坏，有既好也坏，
而这些好与坏是在相同的时空中共存的。
当我们越有能力接受坏的存在这个现实时，
也就越能接受自己身体里好与坏的共存。

孩子的学习成绩从来都不是单纯由学习能力决定的。在孩子成长的过程中，努力去建设好的关系，给予孩子爱的情感、信任、理解和抱持，是再多都不嫌多的。

5

PART

父母的责任：帮助孩子发展，而非决定孩子人生

孩子的症状在说话

十岁的小明长得胖胖的，很可爱。最近一年成绩急速下降，为此，爸爸经常对小明大吼大叫，有时还会动手打他，打得很厉害。小明的妈妈在外地工作，每当小明挨了打，就会给妈妈打电话，妈妈常常会连夜开车往家赶。

妈妈是某公司的副总，收入非常高；爸爸在一个学校打工，很卑微，常面临被炒鱿鱼的处境。妈妈与爸爸的关系一直不好，小明说他希望爸爸妈妈离婚，这样自己就不会挨打了。

最近一个月，妈妈辞掉了工作，回到本市照顾儿子。

这是我曾经干预过的一个家庭（信息已经过模糊化处理）。这个家庭中包含着非常丰富的心理内容，不妨让我们一点一点来看。

十岁男孩子长得胖胖的。十岁的男孩子，通常正是疯跑和疯长的年纪，所以一般不会很胖。可这个孩子却长得胖胖的，再联想到他的父亲常常打他，而且他的父母关系不好，这个孩子也许在用他的身体说话，表达一些他自己无法用语言表达出来的信息。

十岁，身体开始进入一个快速成长的阶段，心理的发展也提速了很多。一个孩子在十岁的时候就要在身、心两方面做好准备，迎接他即将进入的人生非常重要的一个时期：青春期。

换一个角度来说，青春期也意味着他将长大成人，进入他的独立人生，完成与父母的分离。

但对这个孩子来讲，似乎有太多阻力将他挡在长大的门外，所以他会让我一下子联想到一个词：婴儿肥。

他的言行和思维确实像个很小的孩子，就像四五岁的样子。也许，他真的希望自己停留在那个没有什么负担的年纪，他的记忆中，在他四五岁的时候，父母的关系还是好的。

不管男性还是女性，当他的身体变得肥胖起来的时候，他也就让自己失去了性别的魅力。这个孩子似乎在用这样的方式向父亲求饶：我不让自己长大成男人，我不与你竞争，求求你，请你不要再打我。

而这个家庭中，父亲是需要用打儿子的方式来获得一些权威感、可控感的，因为他在妻子面前实在微不足道。

另一方面，这个男孩子和母亲的关系非常紧密，他似乎也在用他不长大和缺少男性特质的身体来乞求多留在母亲身边一些时日。

在他与母亲紧密的关系中，除了他要从母亲那里寻找安全、依恋之外，他的母亲也在与他的亲密中寻找丈夫缺失的补偿：她需要与一个人建立亲密的关系来缓解婚姻失败的焦虑。

而母子之间的紧密关系又会反过来激怒父亲，他感觉自己被排除在家庭之外，所以他也会以打儿子的方式缓解愤怒。

于是，这个家庭陷入了愤怒与伤害的恶性循环中。

孩子的妈妈告诉我，家里一直在限制这个孩子的饮食，为的是让他不再长胖。这个孩子跟我说，小时候爸爸妈妈不打架的时候，常常带他到外面去吃饭，他很怀念那时候的生活。所以对这个孩子而言，吃是与平静和快乐以及家庭的完整联系在一起的。

表面上看，这个孩子在到处寻找机会让自己多吃一点儿喜欢的食物，实际上他真正在寻找的，是来自成人世界的关注和爱，这是安全感和依恋需要。当他获得的爱越不足时，他对吃的欲望就会越强烈。因为他没有机会获得爱的满足，也就没有机会发展出节制的能力，所以，他会抓住一切可以满足自己的机会让自己填满肚子，即使他肚子里的食物已经满得要吐出来。

他真正想填进肚子的，是安全与爱的体验。可是，他无法从家庭中获得这些，便不断用食物填满自己；而家庭不断限制他，这会激起他更多的吃的欲望。于是，这个家庭又陷进了另一个循环：欲望与剥夺。

这是一个让人心痛的孩子，十岁的年纪，他还没有办法清晰地思考和用语言表达他对家庭的担忧，但是他用他的身体在努力改变家庭的现状。

妈妈是某公司的副总，收入非常高，爸爸在一个学校打工。在我们的传统婚姻模式中，男人通常要选择一个比自己弱一点儿的女人结婚，女人通常要选一个比自己强些的男人。这样的选择是与两性在婚姻中的心理需求有关的：男人在婚姻中需要收获价值感，选择一个弱一点儿的女人，能更好地凸显他在家庭中的价值和在社会上的能力，这样这个婚姻就能比较好地满足男人的需求；女人在婚姻中要寻找依附感，找一个比自己强的男人，可以让女人感觉更安全。但是在这个婚姻中，从经济地位上来讲，它的模式明显不同于传统模式，所以，碰撞肯定比传统家庭要剧烈得多。

妻子的收入高，她在家庭中的话语权相应也就会多。这无形中就会减轻男人在这个家庭中的分量，而妻子在家庭中又承担了多于传统的责任，于是这个家庭难免处于失衡状态。其实这是在两性关系中双方都不愿看到和接受的。

而之所以会形成这样的局面，并不单纯是由夫妇双方的能力所决定的，很大程度上，这与两个人成长的背景有关，与两个家族的行为模式、家族信念有关。也就是说，真正造成这对夫妇今天这种状态的原因，很可能是之前几十年他们成长的家庭所带给他们的影响。因为这是一个很大的话题，所以只能单独讨论。

爸爸经常对小明大吼大叫，有时还会动手打他。父亲在这个家庭的经济地位上处于弱势，在家门外的社会地位处于弱势，这也会直接导致他心理强度上的弱势。为了平衡内心的虚弱，人往往会采取一种与现实情况完全相反的方式，即采用一些比较激烈的方式补偿虚弱所带来的低自尊。所以，在生活中，看起来最厉害的那个人，实际上可能是最感觉害怕的人。所谓的厉害，只不过是当他感觉害怕时，试图保护自己的努力罢了。

这个爸爸所采取的是看起来可以让自己显得比较强大的方式：大吼大叫和打儿子，但那恰恰说明他内心的贫乏和虚弱。对于孩子来讲，他并不理解父亲行为背后的动力，他所感觉到的，只是被伤害。

一个家庭中，愤怒往往是在最弱的地方喷涌出来的，也会流向最弱的地方。在这个家庭中，处于弱势的是父亲，比父亲更弱的，是儿子。

所以，当父亲的愤怒没有出口的时候，他选择了收拾儿子。但每每收拾过后，他又会后悔，于是反过来又收买儿子，给儿子买昂贵的物品，带他去饭店吃饭，等等。

在这样的循环往复中，父亲只是在一次次重复这个无效的方式，他没有机会学习到更有效的方式来表达自己的情绪，也没有学习到有效地与人交往的模式。在一次次无效的试探后，他就变得更加挫败。儿子在这个模式中学会的，只是用吃、用物质感受到被照顾，而他的情感却处于高度匮乏之中。

最近一年成绩急速下降。当家庭出现问题的时候，孩子往往会在无意识中承担起调和家庭关系的任务。对于孩子来说，他还没有独自谋生的能力，家庭就是孩子的生存保障。当父母之间出现问题的时候，孩子会很敏锐地感受到，即使父母在言行上并没有传达出一点儿失和的样子，但那些非语言层面传递的信息会被孩子更准确地捕捉到。

在家庭的动荡中，他们会发展出一些能力或是制造一些问题，借此努力拉近父母的距离，比如生病，比如出现上网成瘾、打架、偷窃等行为问题。

在这个家庭中，小明的方式是让自己的成绩下降。当他成绩下降的时候，父亲会对他大吼大叫。这虽然是让他不舒服的方式，但那至少证明他还能得到些关注。对孩子来说，有一个坏的关系也比没有关系强，因为没有关系，他就没有办法生存。

孩子每次挨了打都会打电话给在外地工作的母亲，母亲会连夜往家赶，这样孩子以自己的学习成绩下降和挨打为代价，拉近了父母之间的距离，尽管这只是物理空间上的。

小明说他希望父母离婚，实际上，在他的内心深处是惧怕父母离婚的。因为对于他来说，父母一旦离婚，就意味着自己被父母一方或双方抛弃，这对一个十岁的孩子来讲，是一件非常可怕的事情。所以，他宁愿让自己成为一个“坏”孩子，也要把父母拉到一起。

最近一个月妈妈辞掉工作，回到本市照顾儿子。一个能干的女人事业做得如此优秀，支撑她的是内心对成功的强烈渴求，渴求的背后是人格中可能有比较多自恋型人格结构。也就是，因为她觉得自己不够好，所以才不断将自己塑造成更好的、更优秀的，从而确认自己有被爱的资本，甚至干脆“如果你们都不爱我，我就帮助自己证明给你们看”。而具有这种人格特质的人，身上往往会有一个比较明显的缺陷：不太有能力理解他人的情绪、情感，也往往会为了成功而忽略掉亲人的情感需求。

这也可以理解为什么她会离开儿子，到外地去发展一份属于自己的事业。

这个母亲为了儿子辞掉已经非常顺手的工作，到另外一个地方重新发展，她所承受的压力可想而知。同时，渴望成功的人内心往往也会充满对失败的恐惧。

当她重新开始一份事业的时候，内心也会有诸多的失衡，如果她没有足够的能力承受这失衡的话，这压力又会重新回到孩子身上。孩子会觉得是自己的缘故才导致妈妈的现状，这会引发孩子强烈的内疚，这内疚的压力又可能导致孩子对自我的不接纳，他可能认为自己是一个“坏”的孩子。而一个不能悦纳自己的孩子，在他的成长之路上，真的有可能会一步步将自己变成自己认为的那样(投射性认同)，变成一个“坏”孩子，其实他不过是为一个生病的家庭而生病罢了。

对于这个家庭，看起来是孩子出了问题，但实际上，孩子是在以让自己出问题的方式挽救家庭。所以，如果期待孩子改变的话，就需要整个家庭共同做出努力。

而这样的家庭，在我们身边还有许多。孩子能够健康成长是件不容易的事，父母人格越健康，孩子成长过程中所承受的压力就越少，孩子也就有更多机会成长为一个健康的人。所以，好的教育不是陪孩子读多少书，而是家长有勇气改变自己，让自己成长。

受到虐待的孩子为什么会认同他们的父母？

首先，孩子在成长过程中的前几年主要是与父母（主要养育者）相处，孩子在成长中不可避免地会内化父母（将父母的特质吸收成为自己的特质）。这个内化的过程不仅仅是父母的形象，还有父亲与自己的关系，母亲与自己的关系，父母之间的关系，父母双方与自己的关系等；如果有兄弟姐妹，就会更加复杂。

内化的这些形象并不是依据父母家人的客观存在而吸收的，而是在内化的过程中加上了这个孩子自己的感受性内容。这就是说，保存在孩子内心的父母形象是孩子认为的形象（内在客体），而不是客观的形象。这些被内化的内容就作为一种内在客体关系保存在孩子内心，诸多的内在客体关系成为这个孩子日后人际体验的基础。

这意思是说，当这个孩子长大了，在与人打交道的时候，他面对的并不完全是面前的这个客观的人，他对面前这个人的感觉有一部分来自他的内在客体，并且将这个客体形象投射在面前的这个人身上。所以，在生活中，如果在某个时刻你被某个人感受为十恶不赦时，不必急，那很可能只是这个人内心所认为的那个人而已，而他所感觉到的你的坏，与你这个实际的人，并没有太多的关系。

孩子内化的父母形象既有爱的部分，也有恨的部分，各部分所占的比重，既取决于这个孩子内部功能情况，也取决于外部现实对待这个孩子的方式。

如果一个孩子从一出生，生存本能就非常强，那么即便是这个孩子成长中有非常多的创伤性体验，他依然可能成长得非常好；如果这个孩子从一出生，死亡本能（破坏冲动）就占太大的比例，那么即便是得到过非常好的照顾，他也可能将亲人感受为伤害他的人；如果在这个孩子成长过程中父母缺少健康养育的能力，这个孩子就难免发展困难；如果这个孩子本身死亡本能就非常强，再加上父母养育功能不足，那么对孩子来讲，就会是灾难。

孩子内化进来的内容，并不是找个仓库一放了之，而是会在内心进行一些处理，认同就是处理的方式之一。认同本身具有很重要的功能。

比如，一个至爱的亲人去世，失亲的人会非常悲痛；当他认同了死去的亲人的某个特质，比如投身公益时，他自己的身上就具有了死去的人的某种东西。所以当他也投身公益的时候，就会感觉自己身上保存了亲人的某些部分，这样就可以感觉依然与亲人在一起，从而缓解失亲之痛。

再比如对一个俄狄浦斯期的孩子来讲，与同性父母的竞争会让他非常焦虑。但当他认同了同性父母，让自己成为一个与他一样的男人或是女人时，就可以从竞争中退出来，去发展自己的身心，焦虑也就可以释放掉了。所以对这个时期的孩子（3～5岁）来说，认同是非常重要的一个功能。

当然，认同还有其他的重要功能。当一个孩子面对虐待他的父母时，他是无力与他们抗争的，面对这个巨大的危险，认同可以帮助他将伤害他的人吸收进自己的内心，这样在感觉上，他自己内心的那个伤害他的形象就可以变得可控，这个可控感可以帮助他抵御被伤害的恐惧。

对施虐父母的认同另外一部分来自类似俄狄浦斯冲突的处理：“我变得像你一样，这样我就是有能力的，就不再害怕你的伤害了。”当然，对于在如此恶劣的环境中成长的孩子来讲，他也难有机会去学习到健康的人际模式，所以他也会吸收自己被对待的方式，成为一个伤害他人的人。

当然，被虐待的孩子不是绝对认同虐待他的人。如果他自己的生存本能（创造力、爱的能力）非常强，或者他还有可能在其他人身上感受到爱的情感，那么这些爱的内容就可以中和伤害的部分，从而帮助他得到很好的发展。这个孩子也可能反向认同他的父母，成为与父母完全不一样的人，比如处处维护别人，从不伤害任何生命。但这不一定是健康的，因为这种情况下他也有可能成为完全回避冲突、无法健康处理自己的愤怒等伤害性情绪的人。

给宝贝的一封信：孩子，妈妈不代表正确

孩子，随着你长大的脚步越来越快，我也越来越多地感受到你的独立。面对青春期的你，我其实也是有压力的。

青春期，也意味着你会渐行渐远，终有一天，你会像长大的小鸟，离开我，飞向属于你的那片天空。在你飞远之前，我相信你也会有各种各样的挣扎，在离开和留下之间挣扎，所以，帮助你离开我，是当妈妈的责任。这对你我来说，可能都有些残忍，但是这又是你我都必须面对的成长。

还记得有一次我在讲课时谈到“我们培养孩子的目的，是培养他们有能力离开我们”，话一讲完，有位家长就哭了。是的，帮助儿女离开自己，对母亲来讲是一个艰巨的任务。

其实对我而言，也是如此。

面对你的长大，离开，我会有失落，也会有留恋，但我也知道，当你长大后，当你的翅膀足够有力的时候，我对你最大的祝

福，就是让你自己去飞翔，去独立面对生命的风雨。而我，应该去寻找属于我的新生活，而不是试图将你留在我的身边，帮助我缓解渐渐老去的孤独和恐惧。

是的，帮助你离开我，才能帮助你实现生命的独立，这是每一个人成长的意义。

独立，是一个艰难的过程。

一个人的出生，宣告了他身体上的独立，从此他不再需要借助一根脐带的连接来保证生命的延续，从此他可以自己呼吸、进食，他可以作为一个独立的个体存在于这个世界上，但是，心理上的独立却要滞后很多。

当这个孩子一点点长大，会走路了，他就可以离开妈妈的怀抱，去探索更广的世界，他与妈妈的距离远了一些；再后来，他上幼儿园了，上学了，工作了，他独立的脚步越来越快，与妈妈的距离也越来越远。

终有一天，他可能会结婚，会拥有自己的家庭、生活。此时，对他而言，妈妈已经是另外一个家庭的成员。

人生的重要事件一步步走下来是容易完成的，不容易的是完成孩子与母亲心理上的脐带断开，心理上的各自有家。这个过程之所以不容易，是因为对于妈妈来说，孩子曾经是她人生中最重要的任务，是她生命的延续。虽然疲累，但是在照顾孩子的过程中，妈妈的生活也有了意义。如果孩子不再需要妈妈，妈妈的人生可能也会因此失去寄托。

对于孩子而言，独立，也意味着从此不再享受妈妈的照顾，也不再满足妈妈的照顾孩子的需要，这可能会让孩子慌乱或是内疚。

所以，孩子的独立对母亲和孩子而言，都是会有些难度的。这个难度在于，有时候，在爱的名义下，妈妈会阻止孩子长大，孩子也在爱的渴求中放弃长大的权利。

在我的工作中，看到过太多孩子长大的艰难，所以我知道，我放手越多，你在长大的路上会越轻松。我愿意陪你一起，当然，也是你陪我一起去完成这个过程，完成我们两个人的成长。

让自己长大，你要学会几件事，它们很重要，重要到会影响你一生的发展，影响你今后的生命状态。

尊重他人，但不必绝对顺从

在我们中国的文化中，孝道是非常核心的内容，但是孝文化曾在发展的过程中被滥用和误读。孝道原本强调的是父母子女间爱的联结，但是很长一段时间内，孝道被强调为顺从。

在子女顺从父母这个背景下培养出来的孩子，长大后就会变得盲目顺从权威。对于个体来讲，这会磨灭个体的独立性和创造力。

在成长的路上，你要学会独立思考，也要学会尊重自己的思考，而不是简单顺从父母的意见。

你现在正处于青春期，你对世界的接触越来越广，你看世界的角度也会越来越丰富，你可能对世界拥有与我完全不同的想法。

当你的想法与我不同时，不代表你是错的，也不代表我一定是对的，那可能只是因为我们的经历不同，我们看世界的视角不同。

就像是我们同时看到一个苹果，你看到的那面是绿色的，而我看到的那面是红色的。你说它是绿色的，我说它是红色的，我们说的都对，因为我们站的角度不同。

是的，这个世界是多元的，没有什么绝对的唯一的正确答案。所以，你要学会尊重自己的想法，同时也要尊重别人的想法。当别人的想法与你的不一样时，不代表你是错的，即便是大多数人的想法都与你的不一样，你也同样拥有保留自己独特想法的权利。

当然，你也不必因为自己的想法与别人的不同而试图去说服别人，因为他拥有与你不同的想法，同样是他的权利。

但是你可以试着把你的想法告诉别人，讲出你的想法，别人才能更多地了解你，你也会贡献更多的思考给别人。但你的权利仅止于此，你没有权利要求别人一定都具有跟你一样的想法，也没有权利要求别人都顺应你的想法。除非你的想法基于你的权力，比如你是某件事的领导，你就有权力要求别人服从于你，但这个权力是与责任对等的，当你行使这个权力的时候，也意味着你要承担因此而产生的结果。

在你与我的关系中，同样是这样的。你一出生就生活在我的照顾之下，当你很小的时候，顺从我对你而言是非常正常的一件事，因为那时候你还没有发展出独立的能力。但是现在，你长大了。当你进入青春期之后，独立的欲望在你的内心会越来越强烈。

也许这会使你变得很矛盾，也许当你的很多想法与我的不一样时，你会感觉在背叛我。

是的，有的时候你的想法也会让我惊奇，有时你反对我的想法时也会让我愣一下，但更多的时候，那会让我意识到，你在长大，我会为你发展出独立观察和思考世界的能力而高兴。你要知道，妈妈不总是对的，当你的想法与妈妈有冲突时，要记得听听妈妈的想法，但不是一定要遵从妈妈的意见。

对你的生命而言，你自己的思考、探索，即便是失败的经验都会是比顺从妈妈更宝贵的东西，因为属于你自己的人生，不应该是重复妈妈的经历与感受。你不必为自己的长大而内疚，我内心因为你渐渐不再需要我而产生的失落，那是我需要处理和面对的事情，而你的任务只是让自己自由地成长。是的，你不必为我的情绪负责，让我开心不是你的义务，那是我要为自己负责的地方。这也是每一个妈妈终将要完成的功课，那么就交给我去做吧，你只管张开翅膀试着去飞就好。

尊重自己，学会拒绝

在大家的眼里，你一直是个乖巧的孩子，但曾经我也会为你的乖巧而担心，我担心的是你会因为自己那么乖巧而被喜欢，却忽略了自己的真实需要。很长时间以来，我真正期待的是，你可以是个淘气的孩子，所以你小时候我常常会带着你去做淘气的事情。

慢慢地，我发现了你的淘气特质。前些天当你讲到曾在幼儿园因为设个小圈套把小朋友们锁在厕所里而被惩罚时，我发现自己笑得那么放肆。我知道那笑的背后有一部分是我童年被压抑掉的自由在那时得以释放，但更多的是，我突然明白，其实你是一个自由成长的小孩儿，我根本不用担心你的天性被压制了太多，而我的担心其实只是来自自己的成长经历。

你看，妈妈虽然学了心理学，接受了多年治疗，也得到了非常多的成长，可是有时候还是不能那么清晰地懂得你，而且可能这样的时候还很多。

那是因为妈妈只是一个平凡得不能再平凡的人，所以会有各种各样的局限，也会时时犯各种各样的错误。

面对一个可能犯错的妈妈，你要学会的：一是允许妈妈犯错，二是拒绝妈妈的不合理要求。我想这对你并不容易，因为妈妈是那个为你提供生活保障的人。接受妈妈会犯错会让你害怕失去依靠和保障；拒绝妈妈就像一场冒险，也许你会害怕因此被妈妈惩罚。

这的确是有可能发生的，因为每一位妈妈其实也是带着各种各样的伤口长大的，有的时候那些伤口本身就会让妈妈不经意间伤害孩子，有时这些伤害还是在爱的名义下发生的。所以有时被拒绝的妈妈会有强烈的挫败感，这可能让她变得很愤怒，让她觉得自己“好心没有得到好报”。所以，她会因为被孩子拒绝而愤怒，而这个愤怒就会限制孩子的成长，但我向你保证，我会努力让自己成为一个陪伴孩子成长而不是限制成长的妈妈。

也许我做不到完美，但是我会努力做到去理解你，因为我爱你。爱孩子，就是帮助孩子生活得更好，而我已经懂得，帮助你生活得更好的方式就是允许你长大、独立，这样你才有能力创造你自己的生活。

而你也要记得，妈妈是用来爱的，不是用来满足自己的。爱妈妈的方式是让自己生活得足够好，你生活得越好，妈妈的心会越安宁，也会因此感觉到生命的阳光。

你要学会拒绝的东西有很多，学会拒绝别人不合理的要求和期待，保护好自己的感受，你才能将事情做得更好，才能真正保护好你与别人的关系，因为只有当你不必为别人承担太多时，你才不会讨厌那个人。面对陌生人时，拒绝是容易的，但是在重要的人身上，拒绝就会变得很困难：一是有时候该不该拒绝并不是那么容易分得清；二是拒绝对你重要的人时，你可能会害怕，害怕伤害那个重要的关系。

这里面有一个很简单的诀窍，就是你要学会尊重自己内心的感受，不要让自己违心地接受。比如当你的姥姥害怕你感冒让你多穿些时，你可以拒绝她，因为你比她更清楚自己的感受，所以你要尊重的是自己的体验；当你感觉任务太重时，你可以拒绝老师给你的安排，因为硬接过来你可能也没有那么多精力很好地完成；当你觉得自己已经尽力学习时，你可以忽略爸爸对你分数的遗憾，因为学习是你自己的事情，成绩关系的是你自己的人生，相信你有能力为自己的未来负责，学习才不会成为在替爸爸做的事情；当妈妈责备你没有告诉她你一天做了什么时，你可以拒绝汇报，因为你已经是个大孩子，你有权安排自己的生活，而妈妈的担心是她自己要处理的焦虑，你不必为妈妈承担太多责任……

其实，我想告诉你的是，作为一个独立的人，你有权选择自己的生活，而当你的选择与别人的期待有冲突的时候，你要尊重的，是自己的内心。

当然，告诉你这些，并不是教你自私自利，只考虑自己的感受而忽略其他人的感受，恰恰相反，我想告诉你的是，我们生活在社会中，我们永远无法逃开内心被他人接受的期待，所以我们必须学会尊重别人，至少不能伤害他人。

所以，你要学会的是，当你拒绝时，你要有能力告诉对方你自己的真实想法，只是尊重地告诉，而不要试图改变对方的想法。那这会不会和有勇气拒绝别人相冲突呢?

事实上，不会。因为只有当你能够尊重自己的内心选择，不伤害自己的感受时，你才不会感觉被对方入侵、控制，你才不会想逃离对方，这样你才可能从内心接纳对方，与对方保持比较好的关系。而当你在无法拒绝中一步步退让的时候，你就会变得越来越愤怒，最终你们的关系就真的被破坏了。

建立清晰的心理边界，学会尊重他人与自己

父母与孩子之间有非常紧密的联结，这造成人与人之间的心理边界常常是模糊的，所以很多时候，我们也常常被爱所伤。所谓心理边界，就是将自己感受为自己，将他人感受为他人，并且愿意承担起属于自己的责任，也尊重他人与自己不同的能力。你可能会说“这当然很容易区分啦”，但我想，你所感受到的容易，是物理上的区分，而痛苦往往来自心理、情感层面的无法区分。一个孩子从他出生那一刻起，就是一个独立的人，他将拥有完全独立的属于他自己的生活方式和空间。但对于很多父母来讲，孩子从一出生就成为父母的私有财产，所以父母出于爱，愿意为孩子操办一切，这往往会剥夺原本应该属于孩子的成长空间。

当父母不断催促孩子看书时，学习就不再是孩子的事情，而

是为父母学习；当父母为孩子抵挡一切风雨时，成长就成了父母的责任，孩子不再愿为自己的长大负责；当父母因孩子犯错大发雷霆时，改正错误成了父母的期待，孩子在承担了内疚之后，就不再为改善做更多的努力……

当你还小的时候，你的确需要一段时间模糊与父母的边界，因为这时候的模糊可以帮助妈妈更容易地理解你的需要，照顾你长大。但是现在，当你已经进入青春期的时候，这样的模糊只会成为你成长的阻力。

所以，我已经花了十几年来做准备，准备接受你有一天向我宣告："我是大人了，你不许……你一定……"我想，当我真的听到你的独立宣言时，可能并不那么轻松，但我知道这是我必须面对同时也是值得欣喜的事情。尽管那意味着从此以后，我在你的面前再难是权威，但这恰恰是养育儿女的意义所在：当儿女有能力超越父母、质疑父母的时候，就意味着社会存在进步的动能；当儿女不得不服从于父母，不得不以父母的想法为标杆的时候，每一代人能从上一代人那里继承下来的东西会逐渐减少，社会文化的积累也会逐渐萎缩，而这样导致的结果，只能是每一个人的生活品质都下降。

所以，当你开始向我宣战的时候，恰恰是你的独立性、自主意识、创造性全面发展的时候，我没有理由因为恐惧失去对你的控制而阻止你的发展。你可以有你自己的想法、感受、情感空间，自己对世界的认知，我不会把自己的生命经验强加于你，所以你放手去探索你的世界就好了，不必为我的生命状态、情绪状态负太多责任，不必哄我开心，不必让我满意；那是我自己的事情，是需要我自己去努力改善的，而你，只要负责自己的发展就好。

我希望的是，当你与我之间可以安全地自由地表达自己的时候，你可以在这样的状态下学会尊重自己也尊重他人的空间，既保护自己的空间不被入侵，也不去入侵他人的空间，学会理解和尊重彼此的不同，学会为自己的情绪负责而又不过多卷入他人的情感空间，不试图干涉他人的生活。

当你步入社会后，你也可以用这样的方式与你的领导、同事相处。当大家都可以尊重别人的心理界限时，这种有距离的关系，才能让彼此感受到真实的亲密，而不是彼此控制与伤害。

每个人都会犯错，包括妈妈和你

很长时间以来，我都是你的骄傲，这是让我非常自豪的事情，因为能够赢得青春期孩子的认可，对现在的父母来讲，并不是一件容易的事情。但是，孩子，不管妈妈在你眼里多么厉害，现实是，妈妈只是一个普通人。曾经我在你眼里很厉害，那是因为曾经你很弱小，当你感受到妈妈可以照顾你的时候，也许那对你来讲是一件神奇的事，但其实，妈妈并不真的具备这种神奇的能力。所以，当你渐渐长大，你就不得不学着接受一件事：妈妈只是普通人，而且随着妈妈年龄的增长，某些能力会越来越弱。

也许，这会让你感受到越来越多的失望，因为你会越来越多地看到真实的妈妈远不如你曾经以为的那么有能力，因为你不得不接受慢慢失去妈妈对你的全面照顾。妈妈也不得不接受自己的有限性，很多的事情远不是我的能力所及的。比如面对你未来的生活，我无力为你安排好一切；面对我自己的逐渐老去，我也无力阻挡。

慢慢地，我们的关系会发生一些逆转，你渐渐变得有能力，而我会慢慢变得失去能力。这可能会引起我们两个人的恐慌，我害怕失去自己生命的活力，你害怕失去我曾带给你的安全和依恋。但这就是生命的过程，每个人的每一天都会面临新的经历、体验，我们的母女情缘就是在这样每一天的不同中发芽、成长、成熟。我自己其实也是一点点跟随着你的脚步在成长。是的，其实你的长大也带来了我的成长，跟你在一起的每一天其实都是帮助我积累新的经验的过程，你的每一个变化对我来说都是全新的，我必须要试着找到新的、更恰当的方式与你相处，所以我也常常会犯错。

我不知道对于妈妈曾经犯过的那些错你是如何体验的，很多时候当我回过头去回忆我们的经历时，都会后悔自己做得实在是糟糕。我记得有一次跟你说到我没有早一点儿意识到你生病时，你很自然地说“你又不知道”，你那句无意中的回话，对我来说却有非常重要的治疗意义。内疚曾是压在我心头的重石，但那一刻，我突然明白，追悔没有任何意义，唯有珍惜当下，才是真正地对生命负责。所以，那一刻，我决定接受我曾犯下的错，接受自己不过是个普通人。当我可以接受自己的时候，我的生活也变得轻松起来。

跟你讲这些，我是想告诉你一段自己的心路历程：我们每个人都是普通的，都没有能力把所有的事情做到完美；既然如此，我们就接受自己的弱小和不完美吧。当我们能够越多地接受自己的弱处，能够允许自己犯错，我们就会活得越真实，也会变得更有力量，因为我们不必再花太多的精力去掩盖我们的弱小来抵御我们的恐惧了。

表达情绪是你的权利，放弃虚假的和平

在我的工作中，常常会看到一些人对愤怒、无助、恐惧、爱与依恋等情绪的害怕。因为害怕它们跑出来，所以就会用各种各样的方式阻止它们出现在生活中。当我问他们为什么不允许这些情绪跑出来的时候，有的人会说，从小父母就不允许，比如生病时父母就会变得暴怒，所以他就不敢再让自己柔弱；有人会说，害怕自己生气就会惹恼别人，因为他小时候真的是被这样对待的，所以他就假装对什么都不生气；有人会说，他从来不敢让自己感觉某个人是重要的，因为他害怕一旦那个人对自己重要起来，失去他时会承受太大的痛苦，而他的这个害怕，恰恰来自他曾经的失去。

那些这样那样的不敢背后，其实存在着各种各样的创伤。他们为这些不敢所付出的代价，可能是各种疾病，或是各种生活中的糟糕。现代医学发现，很多疾病都是有心理原因的，当一个人的情绪出口被堵塞后，这些情绪就会留在这个人的身体里，伤害这个人。

所以，孩子，当你的人生渐渐展开的时候，你会慢慢增加许多经历，你会遇到很多的人和事，在这个过程中，你也会经历各种各样的情绪体验。你要记得，所有发生在你内心的情感，都是值得被尊重的，每一种情绪背后也都有着各种各样的诉求。

你要试着学习将它们用语言表达出来，不管是爱的情感还是伤害性的情感。这些情感其实是在帮助你更多地了解自己，帮助你与

周围人发展更好的关系。

有的人害怕表达爱的情感，因为害怕表达之后会被拒绝；也有的人害怕表达愤怒，因为害怕表达之后会损害跟对方的关系。其实，很多时候，这些害怕只是来自我们的想象，想象当我们说出来后会发生我们不想看到的结果，但当我们真实地向对方表达自己内心的感受，只是表达而不是责备对方时，对方可以感受到我们的真实情感，感受到我们对他的信任与尊重，所以这不仅不会破坏关系，反而可能会因为理解而促进关系的发展。

反倒是当我们不敢说出来的时候，那个折磨我们的情绪就一直停留在想象的危险中，这些想象可能带领我们一步步破坏关系。因为当我们并没有讲出自己真实想法的时候，对方也并不了解我们内心在发生什么，也就不会做出调整和改变，他的继续可能会带给我们更多的伤害感，从而让关系就这样一点点被腐蚀掉。所以，当我们不能真实表达自己的情绪时，我们所努力维持的那个和平，其实是一个和平的假象，真实的愤怒就在假象下翻滚。当这些愤怒再也掩盖不住时，就会成为强大的破坏力。

有时候，母亲需要“自以为是”

“自以为是”，百度词条的解释是总以为自己是对的，认为自己的观点和做法都正确，不接受他人的意见，形容主观，不虚心。

前日闲聊，让我在某一刻体验到，对于某些情况来说，父母如果真的能够“自以为是”，才是帮助孩子发展的好事。

事情源于一个朋友的帖子，那个帖子里写到一只母猫生了五只小猫，当五只小猫被一只只领养后，母猫的淡定与从容。我没去关注写帖子的人对于处理分离的领悟，而是一下子关注到了那只母猫的折耳血统。于是就在群里发了一句“竟然让她生了五只，折耳猫的基因缺陷会让它们老年很痛苦，好残忍的人类”。一言引来诸多解释，大家告诉我她是意外怀孕，我说到有些国家是禁止折耳血统随意繁殖的，因为它们的缺陷会让它们太痛苦。然后一位非常相熟的朋友便顺势给了我一个对应的句子：“自以为是的人类。”因为她认为，做妈妈的渴望是天性，人类没有理由因为怕它们痛苦而剥夺它们生育的快乐。

其实我们谁都不是猫，所以谁都不能代表猫的情感世界。很显然，折耳猫该生或不该生，两种观点都是自以为是的，或者都是自己内在情感、人生观的投射罢了。只是当我说不应该让那只猫生时，会唤醒很多人成长过程中被剥夺、被控制的体验，可能会唤醒曾经作为弱者被伤害的愤怒（创伤唤醒）；而她说应该生时，在包容尊重的初衷之下，却可能隐含着对责任的放弃或者对开明母亲的呼唤，或者对痛苦的否认，或对掌控命运的渴望（各种防御机制）。

所以，世间的事情，真的没有哪一件可以是绝对正确而毫无坏处可寻的。所有的事情，不管看起来是好是坏，一定会有相对的一面隐藏其中。

倒是关于“自以为是”这几个字，让我想到了曾经历过的一些人和事：他们生活中的艰难，父母与子女两代人的苦恼，恰是因为父母缺少了“自以为是”的能力。

A 妈妈与儿子关系非常紧张，她在成长过程中是一个被伤害的孩子，所以在养育孩子的过程中她有诸多的困难。在孩子小的时候，她对孩子有很严苛的管束；随着孩子渐渐长大，她与孩子的关系越来越紧张。慢慢地，她不再有能力与孩子抗衡。为了缓解与孩子的关系，她开始放手。当孩子获得更多的家庭权力后，慢慢开始变得对父母颐指气使，而她为了不破坏与儿子渐渐“变好”的关系，只能全盘接受孩子对她的不断攻击与伤害。当我问她为什么会是这样的时候，她告诉我：“我区分不出来什么才是对的，也不知道什么是应该拒绝的。”她内心缺少的，是“自以为是”的能力。

B女士与领导关系非常紧张，只要是领导安排的事情，她一定会用各种办法给顶回去，然后她会满腹委屈，觉得领导总是跟她过不去。后来聊到她的成长经历时，她自己对这个现象突然有了理解：她的爸爸是家庭中的顶梁柱，在家庭中有着绝对的权力，而她的妈妈是一个很懦弱的人，所以在她的成长中，她很难感受到妈妈的价值。她的父母很宠爱这个家庭中最小的孩子，所以除了父亲之外，她在家庭里拥有比其他人更高的地位，包括她的母亲。在她的家庭中，她的母亲是必须服从于她的。

她带着这个模式长大，容不得别人指挥她。但是她的生活也很痛苦，因为她感觉没有人能约束得了她，她内心的破坏冲动像野兽一样难以控制。她说：“真希望那时候我妈可以多管管我，哪怕是打我也好，那么我现在就不必这么痛苦了。”在她与母亲的内心世界，她们都没有能力感受自己的“是”。

我们仔细去想想“自以为是”这个词。在《现代汉语词典》里，这是一个贬义词。但如果我们抛开其脱离现实的自傲与自大部分（这种状况本身就已经是人格中的非健康内容了），一个母亲（孩子的主要养育人，不是单指“妈妈”这一个人）其实是需要“自以为是”的。当然，既然是自以为是，就有可能是错的，但如果一个母亲能够冒犯错的险，而坚持对自己决策的相信（明确的界限），这个母亲的功能也不会太差（偏执者除外）。最典型的例子可能就是孩子的学习问题了。

很多妈妈曾非常焦虑：孩子小学不写作业怎么办，孩子初中搞对象怎么办，孩子高考成绩差怎么办，等等。一路焦虑过来，一路管束，一路对抗，最终可能还是怕什么来什么。而另一些妈妈从一开始就坚信孩子的事情应该由他们自己去努力，所以她们不陪写作业，不督促装书包，不陪着上各种补习班，尽管她们还是可以看到别家的妈妈在孩子身上花了多少心力，如果缺少了点儿"自以为是"的能力，她们是很难耐受对比之下的焦虑的，但往往对这种焦虑的耐受，换来的却是孩子的自主能力。

另一个例子是母亲与婴儿的关系。对于一个刚出生的孩子，他没有语言表达能力，肢体动作能力也尚在发展，母亲理解婴儿的需要只能是来自"自以为是"：在观察、感受孩子的过程中，在自己的情感中去体会和理解孩子的需要。而这些恰是一个有抱持功能的母亲共情孩子的基础。

很多母亲在"自以为是"的功能不足时"自以为非"，这会给孩子的成长增加更多的困难。比如一个在家暴之下无力脱身的妈妈，为了缓解被虐待的痛苦，她会将自己感受为坏的，所以才会被虐待。而目睹母亲这些受虐经历的女儿，往往会认同妈妈的受虐人格内容，或者自暴自弃，或者重复母亲的命运，也有些会对母亲反向认同，发展出强烈的对异性施虐的愿望。

或者有些父母在压力之下，无力改变糟糕的命运，认为"我根本没有能力变好"，于是一边抱怨命运的不公给自己带来太多的痛苦，一边不断告诉试图帮助他的人："那些太困难了，我改变不了。"他们无力从自己身上寻找资源，也无力下决心，哪怕做出一点儿改变。他们被幻想中自己的无能、糟糕等吓倒了，于是就只剩下了抱怨的功能，却无力改变什么。而他们的孩子，很可能也会继续成为他们那样的人。

“自以为是”其实是需要非常多的能力的。

比如自信。有时候一些比别人眼光长远的人，在周围人的眼里会是自以为是的（贬义），这只是因为别人尚没有他的眼界，所以也就无法看到他眼中的风景，当他与周围人不一样时，自然就会承受别人责备甚至贬低他的压力。

比如承担责任、焦虑的能力。因为当一个人能够坚持自己的选择时，必须要同时有能力承受选择错误的压力，只有不被出错的恐惧压垮，才有可能坚定前行。

比如清晰的心理边界。只有边界清晰了，才不会被他人的情绪所扰，才能区分出自己的权利和责任，从而避免来自他人的影响。

情感被充分满足的孩子，成绩不会太差

一到假期，属于我们母女的特别时光就多了起来。有时候，女儿通知我她有跟同学的约会，于是我便问她：

“能带我吗？”

“不带！”

“我给你们买单，还不行吗？”

“你给我钱就行了，我去买单。”

“我只在旁边陪你们玩儿，你们需要我，我再参与，你们要是不要我，我就只看着，行吗？”

“不行！”

“那……好吧。”

于是，当娘的一边乐颠颠地掏钱，心里暗乐着女儿真是长大了，对娘的话都能这么直截了当地拒绝，一边多少会有些失落：唉，女大果然不由娘。

其实我知道，在她那里，我这个当娘的并不讨嫌，有时她会在同学当中很得意地“炫娘”，以至她初中时的一个同学跑来问我：“阿姨，我可以来你家住吗？”只是因为我女儿告诉他，她小时候生病时我背着她去医院。他听完一下子就哭了，说曾经他情绪很差时，他的妈妈告诉他：“你死了也没价值。”

后来这个孩子真的试图自杀。被我们一家三口找到时，他已经因为药物的作用有些迷迷糊糊了。我拉着他的手，等他的父母来接他，他一直含含糊糊地念叨：“阿姨，别叫我妈来。”待他的父母来时，我明白了这孩子为什么不想让父母来。他的父亲第一个反应不是赶紧送孩子去医院，而是不停地抱怨这个孩子多么不听话，直到我实在没有耐心听他讲，冲他大吼：“你的孩子现在已经成了这样子，你不赶紧送他去医院，怎么还有时间跟我讲这个？难道你孩子的命还不如你的面子重要吗？”他才意犹未尽般地走了。看着他醉醺醺的背影，我想他的儿子成绩很差是有道理的。当他们为了儿子的成绩恼怒的时候，却不知道，很可能是他们自己把孩子推到那个“坏孩子”的位置。

那个孩子曾跟我说：“阿姨，我觉得我只值一万块钱，我父母说我是超生的，罚了一万块。”那个孩子跟我讲了很多父母对他的抱怨和不满。在他的内心，他感觉自己就真的像父母说的那样不堪，所以他的心力一直放在寻找一对“好的父母”上，而很难像他的同龄孩子那样，去学习，去游戏，去发展同伴关系。

女儿同我聊天时曾说，她现在在同学们眼里是个神奇的存在。这话把我给逗乐了。一个高中生，如何就变得神奇了呢？她告诉我，同学们说她有三奇："土豪""学霸"和"明目张胆秀恩爱"。我问她啥叫"土豪"，她说就是她的App很多，我禁不住地乐，这纯粹是当娘的"协同作案"的结果。她的学校是用ipad教学的，所以每个孩子都配了一个ipad，但内容是学校统一下载的。有一次她跟我抱怨学校的ipad里没有词典，用起来非常不方便，而学校网络又不开，就算开了也不能随便下载东西，因为学校会检查。我问她有什么办法可以解决这件事，她说没办法。我说你要是自己准备一个一样的设备呢？于是她拥有了与学校的一样的另外一件可以自主使用的设备，不仅下载了词典，还有化学实验、网易公开课等等。于是，她成了同学们眼里的"土豪"。所以说，孩子们的满足其实是很容易实现的，只是略多给他们一些自主就好。

对于孩子来讲，这是非常重要的情感支持，而当他们愿意向父母寻找帮助时，这也远比他们自己摸索或者向网络等寻找帮助安全得多。有了这些支持，两个孩子的成绩一直处在不断上升的状态，尤其是那个男孩子，成绩可以说是突飞猛进。十几岁的孩子，他们懂得的道理一点儿不比成人少，他们所需要的，不过是一些"被许可、被承认"。当他们可以感受到来自成人世界的尊重时，他们才能承认界限对他们的保护，然后就可以多放弃一些与成人世界的对抗，多花一些精力到自己该做的事情上。

现在回想起来，我女儿的成绩在小学时一直是一般的，大概中等偏上。她的成绩突出起来源于她生了一场病休学了一年。在那一年里，她的工作狂妈妈回归家庭做起了居家妈妈，这样我们聊天的时间多起来，一起玩儿的时间也多起来了。这之后，母女的共同休闲时间成为我们一个不成文的约定。那一年，我明显感觉我与她之间的情感变得不一样起来，她对我的依恋和信任也越发强烈。当她回到学校后，成绩明显上升，到她小学毕业时，她已经是年级第二名。这之后，她的成绩一直处于领先周围孩子的状态。初中时，她作为班长，可以完成很多原本是班主任的工作，而这些又进一步锻炼了她。

当我与她讨论她的成绩是怎么上来的时候，她告诉我，是因为她生病后，我对她的照顾多了，在一起玩儿的时间多了，她很满足，所以学习就成了一件很容易的事；同时，初中阶段班主任对她的信任，让她感觉一定要把事情做好，把成绩保持住，这样才能带领其他同学，反正也不是很费力，所以也就一直那样了。作为一个心理咨询师，我一直知道，情感的满足对于一个人潜能的调动是有非常大的作用的，但没有想到的是，在我自己的女儿身上，这一点表现得这么突出。

每个孩子都是带着对世界的好奇出生的，学习其实是一件非常自然的事情，但是，**很多孩子对世界探索的动力在不经意间就被限制，这成为他们后来学习中的障碍。**比如在与父母的竞争中无法超越的孩子，可能会处于只能允许自己是庸人的状态，因为只有不如父母才可以避免与父母的冲突，这种情况在有自恋问题的父母养育的孩子中尤其突出。比如在生命早期有过喂养创伤的孩子，当他们与乳汁的关系发生困难时，比如突然断奶，也可能造成他们与升华的乳汁——知识——之间的困难；比如太强势的父母，他们可能会从孩子那里拿走他们独立的自我，而强加给孩子父母自己的东西

（填鸭式教育），使孩子失去学习的动力；等等。

所以，很多时候，孩子的学习出了问题，其实背后是情感世界出了问题，是家庭中的关系出了问题，这些使孩子的学习失去了活水之源。孩子的学习成绩从来都不是单纯由学习能力决定的。在孩子成长的过程中，努力去建设好的关系，给予孩子爱的情感、信任、理解和抱持，是再多都不嫌多的。

不要让变态的爱，污染了孩子纯稚的心

假日的早晨，孩子赖床，又做好打算穿城去探望我的父母，于是不得不去麦当劳吃早餐。孩子去买饭，我坐下来等。对面一个八九岁的小女孩小心地端着餐盘走过来，就在她将餐盘放上桌的一刹那，手一抖，一杯饮料滚到了地上。小女孩一下子愣在了那里，我看到了她脸上紧张的表情，她一直在那里站着，很无助、很恐惧的样子。

我在想，也许这是一个生活在高压之下的孩子，所以才会因为一杯饮料而变得如此惶恐。还没容我走过去，一个成年人走了过来，看样子是她的妈妈。

那个成年人看了一眼地上的饮料，也愣了一下，然后冷冷地说了一句："怎么洒了？那就别喝了！"我感觉后颈冒出了一股冷气。我在想，如果是我的孩子，听我这样讲话的时候，该会有多么伤心！那位妈妈冷冷地坐下来，孩子也坐下来，讪讪地开始吃东西，妈妈的嘴巴一直没有停下来："都那么大了，怎么这么点儿事都办不了！"

看着孩子缓缓咬汉堡的背影，我感觉也许这个孩子一早晨的好心情都被这几句话葬送掉了。

妈妈一边数落着孩子，一边手里不停歇地做着一串动作：捡起饮料杯，倒进半杯水，饮料杯明显已经摔坏了，水不停向外冒着，于是妈妈又焦躁地站起来，去把水倒掉。看着这对母女，我感觉自己心中的焦躁值在不断向上提升。对面的妈妈已经发现了我在关注她们母女，眼神中对我已经开始有一些敌意，然后她把孩子带到了靠近门口的位置，远离了我的视线。

我的孩子拿早饭过来，我告诉她这件事，她说："那个女孩儿肯定特难受。"我止住了去买一杯饮料送给那个女孩儿的冲动，我担心这样会让那位妈妈感觉被羞辱。

早晨的一幕让我感觉一天的心情都有些闷闷的，这让我想到了很多场景。

我知道，那位妈妈的做法并不是特例，在我们的生活中常常能看到，父母尽自己的全部心力在物质上满足孩子，同时却在情感上随意地剥夺着孩子。

记得有一次在济南黑虎泉，晚上和同伴正聊在兴头上，我突然听到了一个孩子声嘶力竭的哭声，一抬头看到一位年轻的妈妈正在冲一个四五岁的小男孩怒吼："你走！你走！"小男孩一边哭，一边噔噔噔地爬上台阶，眼见着就要消失在视线之中。我忍不住冲着那位妈妈喊："不要吼他，快去追，孩子会害怕、会受伤的，快去抱抱他。"

那位妈妈愣了一下，大约是没搞明白我这个“管闲事”的人是从哪里冒出来的，然后就毫不迟疑地去追孩子了。

我想，她的心里其实是关心孩子的。待追到孩子，眼看他们就要和解的时候，不知那位妈妈心里发生了什么变化，突然又放开孩子开始怒吼，孩子又跑掉了，于是那位妈妈更加暴怒，更加大声地吼孩子。我想去制止，可我被同伴阻止了。

其实，我们走在路上，这些都是非常常见的场景。在我们通常的认知中，父母管教孩子天经地义，孩子听从父母也天经地义，因为“严是爱，宽是害”。但是，这些看起来的天经地义，可能会给孩子埋下一世的祸根。

严，应该是严格执行为孩子设定的界限，比如诚实、不伤害他人，而不应该是情绪上的爆发与惩罚。

我认识一个人，他与周围人的关系都非常糟糕。说实话，我跟他相处时，也时时会有想逃开他到八百里之外的冲动，但他对我一直很信任，他会把他的这个苦恼跟我讲，我便直接告诉了他我跟他在一起时的不舒服。

我告诉他：“我跟你在一起时，常常感觉被你贬低和嘲笑，有时也会感觉被挑衅，就好像你跟我说话不是为了交流，不是为了了解彼此的想法，而是只要让我难受，你就会很开心，所以一来二去，我感觉还是离你远些比较舒服。”他很惊讶，说：“我没有啊，我只是想与你走近，想让你愿意跟我在一起。”

这次轮到我惊讶了，我问他：“谁会这样待你？”他说：“我们全家都是这样的。每当我们相互取笑对方的时候，我们都感觉彼此很亲近。”于是他给我讲了祖辈、父辈，以及他这一代人的种种创伤，那是些非常沉重的故事。我缓缓地说：“你的家庭里传递着一种变态的爱的方式，一种偏离常态的方式。因为你们无法表达爱的情感，爱对你们来说太不可靠了，所以你们用恨与伤害来表达爱与联结的渴望。”

他的泪一下子流出来：“其实我离婚时就已经感觉到了，只是我弄不明白到底是哪里不对劲儿，弄不明白为什么她会那么讨厌我。我一直以为我是在哄她开心。”

用物质的满足替代情感的满足，用恨的联结替代爱的联结，用不断给予孩子来漠视孩子自身的功能，等等，这些方式背后，都可能存在着偏离常态的爱——变态之爱。

这些变态之爱带给孩子的最大伤害，就是使孩子在情感中混淆了爱与伤害的界限，让他们无法区分自己与他人的行为中，哪些是爱，哪些是伤害，哪些应该被鼓励，哪些应该被禁止。他们既无法学会在社会生活中保护自己的权利，也无法真正地学会尊重他人；他们也会从与父母的互动中，学会用伤害的、控制的方式去与人相处，进而在人际关系中受挫，并在受挫之后去怀疑他人的可信性，也怀疑自己的价值。

有时，他们甚至会在无意识中去唤起别人伤害他们的冲动，因为对他们来说，当他们被伤害时，才能感受到一些熟悉的东西，那些东西虽然让他们感觉痛苦，但是那些痛苦却是与他们被爱的需要相连的。

所以，当我冲那个小男孩的妈妈喊“他会受伤”时，我并不是在担心那个孩子因意外而受伤，而是担心这样一个事件，有可能让孩子感受到自己无法获得妈妈的爱——一个孩子原本就可以获得的爱，而不是一个孩子因为听话而获得的爱。

当一个孩子只有满足了父母某种期待才能获得爱的体验时，在孩子的感受中，父母爱的不是自己这个人，而是那个爱的交换物，这就会让孩子无法确认自己的价值所在，他可能会低自尊，也可能会缺失爱的功能。

父母这一生能给予孩子的最好的礼物，不是丰厚的物质，不是优渥的生活，而是**充满柔情的爱、接纳和尊重，以及父母自己平和的情绪与相爱的关系**。当孩子有了这笔财富之后，其他的，完全可以由他自己去创造。